中国新股民炒股实战丛

U0681462

股市有风险　入市需谨慎

散户操盘

实战攻略

（第二版）

黄凤祁 编著

经济管理出版社

ECONOMY & MANAGEMENT PUBLISHING HOUSE

图书在版编目（CIP）数据

散户操盘实战攻略/黄凤祁编著. —2 版. —北京：经济管理出版社，2016.1
ISBN 978-7-5096-3999-3

Ⅰ. ①散…　Ⅱ. ①黄…　Ⅲ. ①股票投资—基本知识　Ⅳ. ①F830.91

中国版本图书馆 CIP 数据核字（2015）第 251572 号

组稿编辑：勇　生
责任编辑：勇　生　王格格
责任印制：杨国强
责任校对：蒋　方

出版发行：经济管理出版社
　　　　　（北京市海淀区北蜂窝 8 号中雅大厦 A 座 11 层　　100038）
网　　　址：www. E-mp. com. cn
电　　　话：(010) 51915602
印　　　刷：三河市延风印装有限公司
经　　　销：新华书店
开　　　本：720mm×1000mm/16
印　　　张：12.75
字　　　数：236 千字
版　　　次：2016 年 3 月第 2 版　　2016 年 3 月第 1 次印刷
书　　　号：ISBN 978-7-5096-3999-3
定　　　价：38.00 元

前　言

操盘就是买卖股票的行为，然而这看似简单的一买一卖行为却蕴藏着无穷的奥妙，不同的操盘方式、操盘风格直接决定着投资者是盈利还是亏损。如果考虑到股市中绝大多数股民往往都是处于亏损状态这一事实，那我们可以较为明确地得出结论：大多数股民的操盘行为是有待改进的。而职业操盘手具备良好的专业素质，他们能够通过盘口资金进出的表现方式、K线形态、量能变化、大盘环境等因素，准确地判断目标个股的运行特征、价格趋势，并依据这一分析、判断，按计划、有预谋地果断做出技术性买进和卖出的操盘决策。

本书共分三篇：《第一篇　台上一分钟，台下十年功——操盘基本功锤炼篇》、《第二篇　纸上得来浅，此事要躬行——操盘综合实战篇》、《第三篇　运筹帷幄中，克敌千里外——操盘策略部署篇》，它们是一个有机整体，以提高散户投资者的操盘功力为主要目标。为了便于读者阅读，本书遵循了循序渐进的组织方式，先讲操盘基本知识。在第一篇中，我们以股市操盘过程中最为实用的三种知识（即K线形态、量能变化、技术指标）为核心，由浅入深并结合实例进行详细讲解，力图可以在最短时间内、最为高效地提升读者的操盘知识储备，从而为随后的实盘操作打下良好的根基。但是，良好的操盘技术不仅需要足够的操盘知识来支撑，还需要我们有丰富的实战经验来完善，在实盘操作中，我们要灵活地应对不同的行情、不同类型的个股。在第二篇中，我们将以不同行情、不同类型的个股为背景进行实盘讲解，力求使读者可以更好、更全面地展开实盘操作。前两篇的内容是本书的核心，能够针对不同的行情、个股展开实盘操作是投资者在股市中成功获利的基础。但这些只是技术方面的内容，技术分析并不是万能的，它也无法使我们在股市中立于不败之地。成功的交易者不仅要有高超的技术分析能力，而且还要有纪律、方法、原则、资金管理等策略性的安排，只有这样，我们才能在股市中处于"进可攻，退可守"的地位，也才能实现长期稳健的获利。这些策略性内容是我们在第三篇中所要介绍的。

相信通过阅读本书，投资者可以在国内的A股市场中更好地展开实盘操作，并可以依据不同行情、针对不同个股来具体实施买卖操作。

目 录

第一篇　台上一分钟，台下十年功
——操盘基本功锤炼篇

第一章　形态操盘术——K线形态解读技术 …………………………… 3

第一节　单日K线所蕴涵的多空含义 ………………………… 3
第二节　利用上影线与下影线展开实盘买卖 ………………… 4
第三节　理解双日K线的相互位置关系 ……………………… 7
第四节　平顶线与平底线 ……………………………………… 8
第五节　孕线与抱线 …………………………………………… 10
第六节　乌云盖顶 ……………………………………………… 15
第七节　红三兵与黑三鸦 ……………………………………… 16
第八节　缺口 …………………………………………………… 18
第九节　中继形态 ……………………………………………… 20
第十节　底部形态 ……………………………………………… 25
第十一节　顶部形态 …………………………………………… 30

第二章　量能操盘术——成交量解读技术 ……………………………… 35

第一节　成交量所蕴涵的市场含义 …………………………… 35
第二节　"发酵型"的放量 …………………………………… 37
第三节　"膨胀型"的放量 …………………………………… 39
第四节　"脉冲型"的放量 …………………………………… 45
第五节　"递增型"的放量 …………………………………… 51
第六节　缩量 …………………………………………………… 54

第三章　指标操盘术——技术指标解读技术 …………………………… 59

第一节　识别指标类型 ……………………………………… 59

第二节　ADR（涨跌比率） ………………………………… 62

第三节　BTI（广量冲力指标） …………………………… 67

第四节　TRIX（三重指数平滑指标） …………………… 69

第五节　DMA（平均线差） ………………………………… 74

第六节　DMI（动向指数） ………………………………… 78

第七节　MTM（动量指标） ………………………………… 80

第八节　AR、BR（人气意愿指标） ……………………… 84

第九节　RSI（相对强弱指标） …………………………… 88

第十节　BIAS（乖离率） ………………………………… 92

第四章　稳健操盘术——规避技术分析的"陷阱" ……… 97

第一节　把握趋势是正确操盘的核心要素 ……………… 97

第二节　便宜的陷阱 ……………………………………… 98

第三节　除权的陷阱 ……………………………………… 100

第四节　图形的陷阱 ……………………………………… 103

第五节　涨停板的陷阱 …………………………………… 106

第二篇　纸上得来浅，此事要躬行
——操盘综合实战篇

第五章　低买高卖的操盘高招 …………………………… 113

第一节　什么是低买高卖 ………………………………… 113

第二节　何时展开低买高卖 ……………………………… 114

第三节　低买高卖操盘实战 ……………………………… 116

第六章　涨买跌卖的操盘高招 …………………………… 121

第一节　什么是涨买跌卖 ………………………………… 121

第二节　何时展开涨买跌卖 ……………………………… 123

第三节　涨买跌卖操盘实战 ……………………………… 125

第七章　与趋势为伍——行情操盘技巧 ………………… 131

第一节　支撑位、阻力位的操盘技巧 …………………… 131

第二节 牛市行情中的操盘技巧 …………………………… 137

第三节 熊市行情中的操盘技巧 …………………………… 144

第四节 顶与底的操盘技巧 …………………………… 151

第五节 横盘震荡行情的操盘技巧 …………………………… 157

第八章 与个股过招——股票操盘技巧 …………………… 163

第一节 蓝筹股操盘技巧 …………………………… 163

第二节 白马股操盘技巧 …………………………… 168

第三节 黑马股操盘技巧 …………………………… 172

第四节 强势股操盘技巧 …………………………… 174

第五节 新股的操盘技巧 …………………………… 176

第三篇 运筹帷幄中，克敌千里外
——操盘策略部署篇

第九章 职业操盘手实战交易策略 ………………… 181

第一节 短线激进型实战交易策略 …………………………… 181

第二节 中长线稳重型实战交易策略 …………………………… 184

第三节 中短结合型实战交易策略 …………………………… 187

第十章 短线操盘实战操作五大法则 ………………… 189

第一节 判断大势法则 …………………………… 189

第二节 分析 K 线形态法则 …………………………… 189

第三节 股票成交量法则 …………………………… 190

第四节 个股创新高法则 …………………………… 191

第五节 个股创新低法则 …………………………… 191

后记：操盘要有好心态 …………………………… 193

第一篇 台上一分钟，台下十年功

——操盘基本功锤炼篇

导读

在股市中的"操盘"就是指：具备严格的投资纪律和科学的资金分配管理方案，有计划、有预谋地对目标个股进行技术性买进和卖出的操作行为。简单地说，操盘就是买卖股票的行为，然而这看似简单的一买一卖的行为中蕴藏着无穷的奥妙。每一位在股市的投资者都有自己的操盘方式，有的投资者买卖操作的目的比较明确，买进个股及卖出个股的理由也较为充分，这类投资者往往也是股市中数量较少的盈利者；也有的投资者买卖操作的目的比较盲目，买进个股及卖出个股往往仅凭一时的情绪冲动或是他人的推荐，这类投资者往往也是股市中数量较多的亏损者。不同的操盘方式、操盘风格直接决定着投资者是盈利还是亏损，如果考虑到股市中绝大多数股民往往都是处于亏损状态这一事实，那我们可以较为明确地得出结论：大多数股民的操盘行为是有待改进的。职业操盘手具备良好的专业素质，他们能够通过盘口资金进出的表现方式、K 线形态、量能变化、大盘环境等因素，准确地判断目标个股的运行特征、价格趋势，并依据这一分析判断，按计划有预谋地果断做出技术性买进和卖出的操盘决策。对于普通的散户投资者来说，他们并非以买卖股票作为职业，但是若想在股市中少亏损、多获利，他们就一定要提高操盘能力，而提高操盘能力的第一步就是获取足够的知识。本篇中，我们以股市操盘过程中最为实用的三种知识（即 K 线形态、量能变化、技术指标）为核心，由浅入深并结合实例进行了详细讲解，力图可以在最短时间内、最为高效地提升读者的操盘知识储备，从而为随后的实盘操作打下良好的根基。

第一章 形态操盘术——K 线形态解读技术

价格的运行方式是以 K 线体现出来的，透过单根 K 线形态，我们可以了解这一日或这一周的多空双方交锋情况、交战结果，透过数日的 K 线组合形态，我们则可以了解市场局部或整体的多空双方力量对比情况。本章中，我们将详细讲解如何利用 K 线形态展开实盘操作。

第一节 单日 K 线所蕴涵的多空含义

在实盘操作中，我们一般将 K 线的时间周期设定为"日"（在没有特别强调的情况下，本书中所讨论的 K 线均默认指代为日 K 线），此外，我们还可以根据需要将其设定为"分钟"、"周"、"月"等，虽然所设定的时间周期不同，但是，单根 K 线的构成方式是不变的，它由最高价、最低价、开盘价、收盘价四个价位所描绘，由"实体"与"影线"两部分构成，其中的影线又分为上影线与下影线（图 1-1 为单根 K 线构成图）。虽然单根 K 线的构成较为简单，但是我们却可以从单根 K 线形态中挖掘出极为有用的市场多空信息。

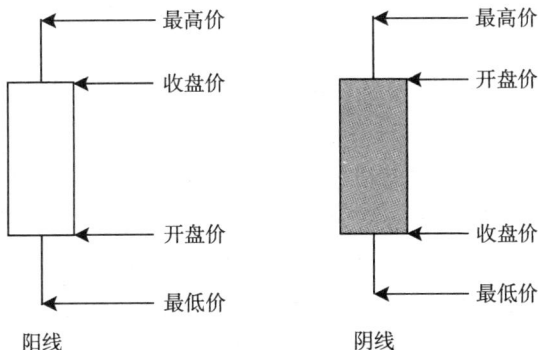

图 1-1 单根 K 线形态构成图

　　首先，对于 K 线中的实体部分而言，它的长短是多空双方当日交战结果的体现，红色的阳实体表明多方获胜，而黑色或绿色的阴实体则表明空方力量获胜，实体越大，则说明相应的一方成果越明显。其次，对于影线部分来说，上影线及下影线是多空双方当日在盘中交锋过程的体现，影线越长，说明多方或空方于当日的攻击力度越大，但长长的影线也同时说明这种攻击是无功而返的，并没有保留住获胜的果实。在分析单根 K 线形态时，实体所蕴涵的市场含义相对来说较为简单、明了，但是影线所蕴涵的含义则相对复杂，例如对于上影线较长的单根 K 线形态来说，长上影线既可以是市场多方力量开始发动反击的信号，也可以是空方抛压沉重、导致多方攻击受阻的信号，那么，长上影线的形态是多方实力转弱、空方力量转强的信号，还是空方实力转弱、多方力量转强的信号呢？此时，我们就要结合价格的具体走势情况来进行分析了。

　　如果上影线较长的 K 线形态出现在一波快速下跌走势后，多意味着多方开始反击、空方力量枯竭，个股短期将迎来反弹的可能性较大；如果它出现在个股一波较为明显的上涨之后，则多意味着多方已无力继续拉升股价，个股短期的回调即将展开。"股市无定律"，我们不能说上影线或下影线较长的 K 线形态一定是某一方力量占优的表现，为了让读者可以通过一些较为典型的单根K 线形态识别价格走势情况，分析多空双方力量转变情况，下面我们结合实例来进行具体的分析、讲解。

第二节　利用上影线与下影线展开实盘买卖

实例 1：一波快速上涨后的长上影线是阶段性的高抛信号

　　上影线较长的 K 线形态更常见于价格一波快速上涨走势后的相对高位区，此时它具有较为典型的市场含义，是多方力量转弱、空方力量较强的标志，预示着一波回调走势即将出现。

　　图 1-2 为工商银行（601398）2009 年 4 月 17 日至 8 月 19 日期间走势图，此股在一波快速上涨后的相对高位区出现了一个上影线极长的单日 K 线形态，这是空方抛压陡然增强、多方攻击受阻的标志，预示着一波回调走势即将展开。从图中走势可以看到，此股在高位区出现了这一根长上影线形态之后，就出现了滞涨的走势，成交量也开始出现相对缩小，很明显，随着个股前期的快速上涨使得市场获利抛压大幅增加，多方的上攻步伐已告一段落，消化获利盘需要一个过程，而这个过程也往往是个股一波深幅回调的过程，长长的上影线

正是这一过程出现之前的最好预示。投资者在实盘操作中，完全可以依据这种快速上涨后相对高位区出现的长上影线实施"逢高抛售"的操盘策略。

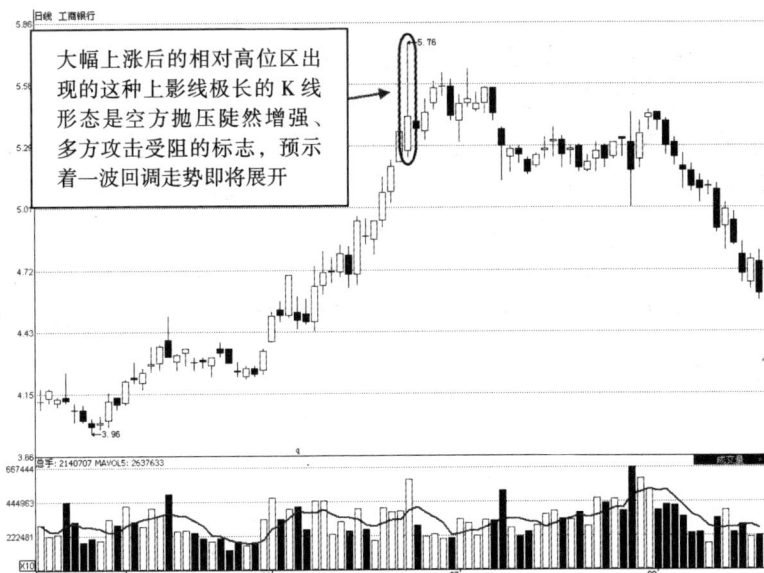

大幅上涨后的相对高位区出现的这种上影线极长的K线形态是空方抛压陡然增强、多方攻击受阻的标志，预示着一波回调走势即将展开

图1-2 工商银行快速上涨后长上影线形态示意图

图1-3为白云机场（600004）2009年3月26日至9月2日期间走势图，此股在一波上涨走势后同样出现了一根上影线极长的K线形态，这同样也是

图1-3 白云机场快速上涨后长上影线形态示意图

个股抛压陡然增强的标志，是个股一波回调走势即将展开的信号，也是我们短线卖出此股的信号。

实例2：一波快速回调后的长下影线是阶段性的低吸信号

下影线较长的K线形态出现在价格的一波快速回调走势之后，具有典型的市场含义，此时的这种长下影线是多方反击的信号，也是个股反弹上涨走势即将出现的信号，出现在这种时机下的长下影线形态又称为"单针探底"。

图1-4为南京中北（000421）2009年7月16日至11月23日期间走势图，此股在一波快速回调走势之后，出现了一个下影线较长的K线形态，这种单针探底的形态是个股回调走势结束的信号，可以作为我们短期内逢低买入个股的信号。

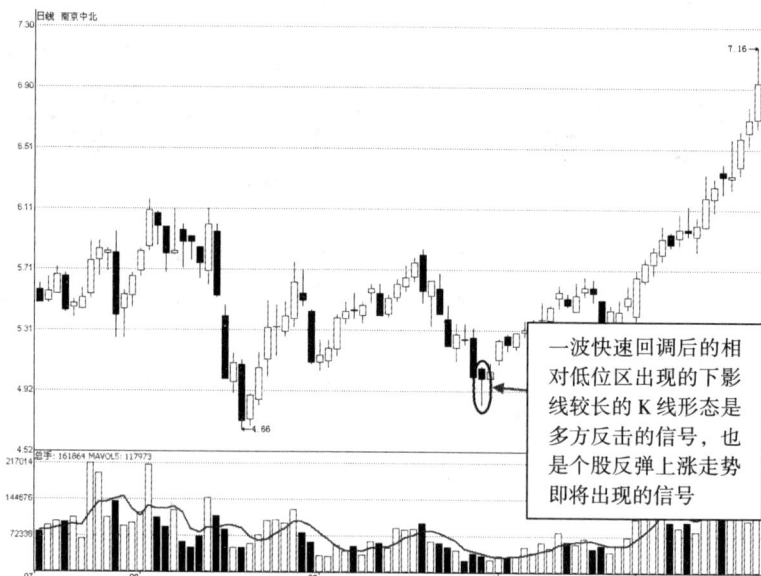

图1-4　南京中北快速回调后长下影线形态示意图

实例3：利用快速上涨后高位区的大阴线把握阶段性顶部的出现

价格经一波快速上涨走势后，势必会在短期内积累大量的获利盘，若这些获利盘基于某种诱因而大量抛出时，就会使K线形态出现高位区的大阴线，这往往是价格阶段性上涨走势结束的信号，也是我们在阶段性高点出局的信号。

图1-5为上证指数2009年5月20日至8月28日期间走势图，大盘快速上涨的过程中，于快速上涨后的相对高位区出现了一个实体极长的大阴线形

态，这种高位区突然出现的大阴线且量能显放大的形态，是空方抛压陡然增强的标志，预示着阶段性顶部的出现，它提示我们应在随后几个交易日中逢高出局。

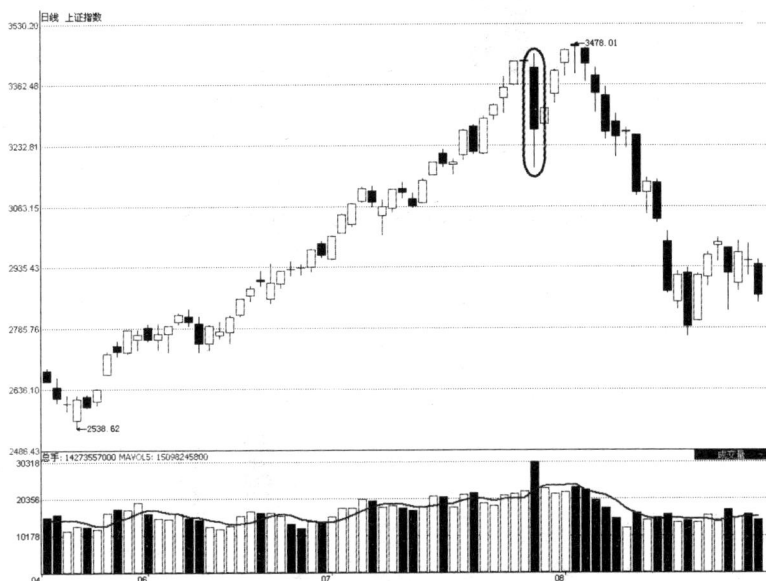

图1-5　上证指数快速上涨后高位区大阴线示意图

第三节　理解双日K线的相互位置关系

在解读双日K线的组合形态时，我们要了解它们的位置关系，特别是第二根K线相对于第一根K线的位置。一般来说，第一根K线是参照系，是判断行情的基础，而第二根K线是判断行情的关键。我们可以把第一根K线分为五个区域，如图1-6所示，这五个区域的价位由高到低，通过第二根K线所处的位置情况（相对于第一根K线的这五个区域），我们就可以了解它们所组合而成的双日K线形态是反映了多方占优，还是空方占优。图1-7为双日组合中典型的多方占优与空方占优位置关系示意图。

通过两根K线的相对位置的高低和阴阳，我们就可以得到两根K线形态所包含的市场含义，当两根K线均为阳线时，这是个股上涨的标志，如果第二根K线出现在区域1或区域2的位置时，则是多方明显占据优势的体现；当两根K线均为阴线时，这是个股下跌的标志，如果第二根K线出现在区域4

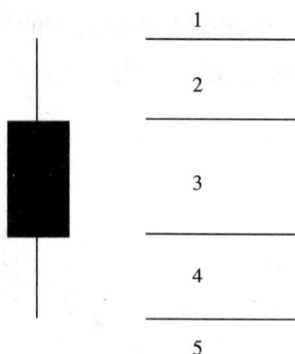

图 1-6　单根 K 线的多空区域划分示意图

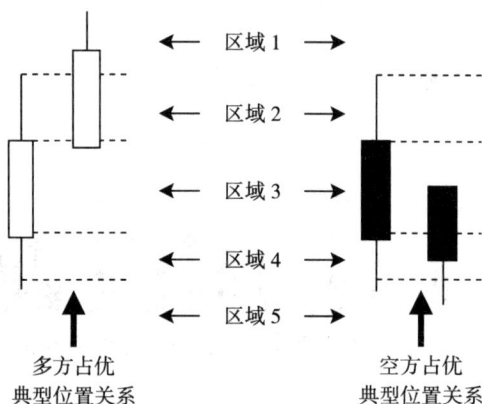

图 1-7　双日组合中多方占优与空方占优位置关系示意图

或区域 5 的位置时，则是空方明显占据优势的体现。当然，这只是多方明显占据优势与空方明显占据优势下的两种较为极端的形态，但这两种研判方法可以让我们在分析其他的双日 K 线组合形态时有章可循，为我们指出了分析方法。

第四节　平顶线与平底线

平顶线是指股价上升到高位后所出现的连续两根最高价同值的 K 线组合形态，平底线则是指股价下跌到低位后所出现的连续两根最低价同值的 K 线组合形态，除此之外，平顶线与平底线对 K 线的阴线或阳线、影线长短等均无明确要求。

平顶线出现在一波上涨走势后的相对高位区，预示了价格的一波上涨走势的结束，这是因为当价格处于一波上涨走势中时，其走势特征主要体现为后一交易日的最高价应高于前一交易日的最高价，这是多方力量仍能推动价格上涨的直接表现，若后一交易日的最高价无法超过上一交易日的最高价，则往往说明多方力量已经开始减弱，是个股一波回调走势即将出现的信号。

应用平顶线时，我们要注意两点：一是这种双日最高价相同的K线组合形态是一种常见的形态，它可以出现在个股运行的任何位置处，但是只有出现在高位或波段顶部，才是可信的短期见顶信号；二是平顶线一般由两根连续的K线组合而成，但在个别情况下，若最高价相同的第一根K线与第二根K线中间相隔一两根K线也可算作平顶线，只要相隔的几根K线的最高价基本同值就可以。

图1-8为航天电子（600879）2009年8月17日至12月22日期间走势图，从图中标注可以看到，此股在一波快速上涨后，波段上涨后的相对高位区出现了最高价相同的K线组合形态，这就是平顶线组合，它的出现预示着多方已无力再次发动上攻，是股价短期内下跌的信号。

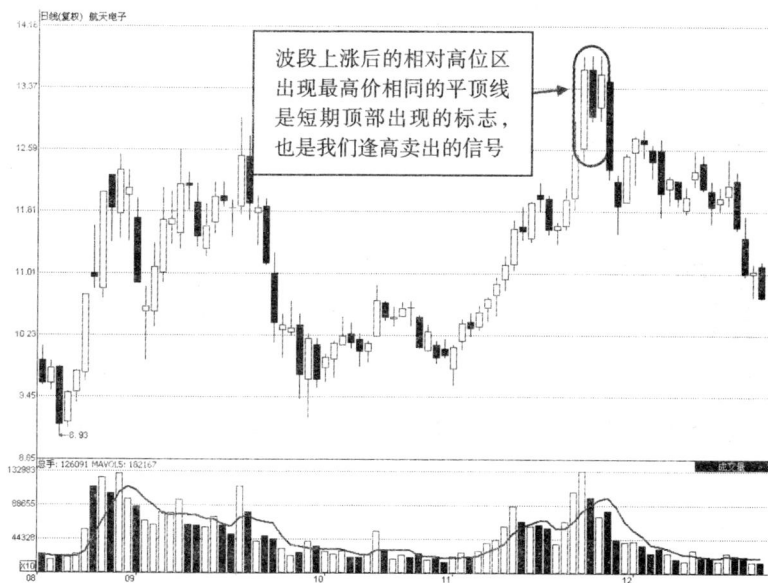

图1-8　航天电子波段上涨后的平顶线示意图

平底线出现在一波下跌走势后的相对低位区，预示了一波下跌走势的结束，这是因为当价格处于一波下跌走势中时，其走势特征主要体现为后一交易日的最低价应高于前一交易日的最低价，这是空方力量打压股价下跌的直接表现，若后一交易日的最低价无法低过上一交易日的最低价，则往往说明空方力量已经开始减弱，是个股一波反弹上涨走势即将出现的信号。

应用平底线时，我们要注意两点：一是这种双日最低价相同的 K 线组合形态是一种常见的形态，它可以出现在个股运行的任何位置，但是只有出现在低位或波段底部，才是可信的短期见底信号；二是平底线一般由两根连续的 K 线组合而成，但在个别情况下，若最低价相同的第一根 K 线与第二根 K 线中间相隔一两根 K 线也可算作平底线，只要相隔的几根 K 线的最低价基本同值就可以。

图 1-9 为好当家（600467）2009 年 10 月 16 日至 2010 年 1 月 19 日期间走势，此股在一波回调走势之后，出现了平底线的双日 K 线组合形态，这一形态的出现是空方力量衰竭、后期走势看涨的信号，也是我们短期内逢低买入的信号。

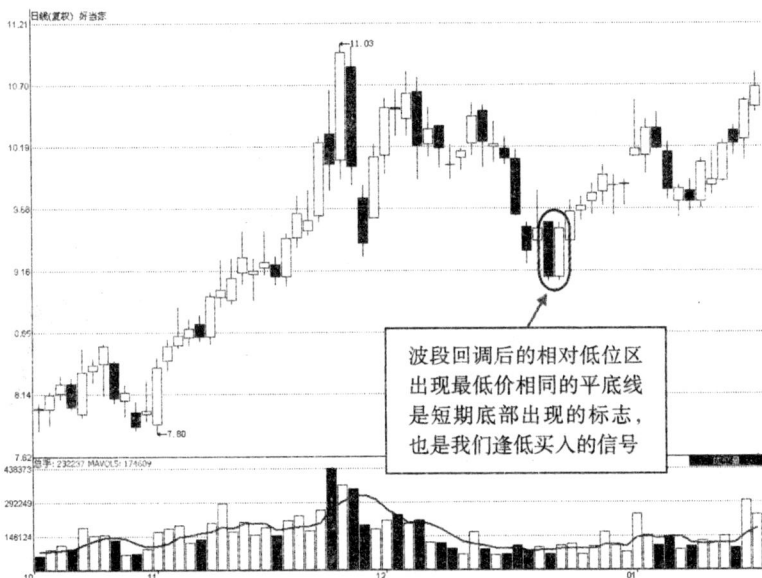

波段回调后的相对低位区出现最低价相同的平底线是短期底部出现的标志，也是我们逢低买入的信号

图1-9 好当家波段下跌后的平底线示意图

第五节 孕线与抱线

孕线与抱线是极为常见的双日 K 线组合形态，它们经常出现在个股运行的典型位置区域，是个股一波回调走势即将展开或是一波上涨走势即将展开的明确信号。本节中，我们就来结合实例看看如何利用孕线与抱线展开实盘买卖操作。

一、孕线

孕线又名"身怀六甲"或"母子线"，它由两根 K 线组成，前面一根是长 K 线，后面一根则是相对短小的 K 线，后面一根 K 线的最高价和最低价均不能超过前一根线的最高价和最低价，这种前长后短的组合形态即是孕线。

孕线一般分为两种形态：一是前一根 K 线是一条长的大阳线，第二根 K 线是一条短小的阴线（也可以为小阳线），这种孕线称为阴孕线，阴孕线多出现在一波上涨走势的末期，因此我们也常把阴孕线称为看跌孕线；二是前一根 K 线是一条长的大阴线，第二根 K 线是一条短小的阳线（也可以为小阴线），这种孕线称为阳孕线，阳孕线多出现在一波下跌走势的末期，因此我们也常把阳孕线称为看涨孕线。

对于阳孕线（看涨孕线）来说，我们可以这样理解它的形成过程：价格经一波下跌走势之后，来到了相对的低位区，首先出现的一根大阴线是市场惯性下跌的体现，它的出现说明市场抛压仍然很沉重、多方暂无反击的意图，但是市场多空双方实力的转变往往是即时性的，单凭这一根阴线我们无法预测它后期是否仍然要再度下跌一层，而且此时个股已经处于一波下跌走势后的相对低位区，大阴线出现在个股已出现较大跌幅的背景之下，往往意味着卖盘能量短时间的过度释放，盲目杀跌可能面临着低位割肉的风险，此时，我们最好静观其变。随之而来的第二根 K 线是一个阳线，股价没有继续下跌而是出现了高开，而且这一阳线所覆盖的范围完全"孕于"第一根 K 线所覆盖的范围之内，这说明空方已无法有效地再度打压价格下跌，多空双方的力量对比突然发生了转变，多方力量已开始取得一定的优势，是价格走势即将迎来一波反弹上涨的明确信号。对于阴孕线（看跌孕线）来说，它的形成过程与阳孕线正好相反，在此我们就不再赘述了。

图 1-10 为鑫科材料（600255）2009 年 5 月 20 日至 9 月 17 日期间走势图，此股在一波快速下跌走势后的相对低位区出现了一个阳孕线（看涨孕线）的双日 K 线组合形态，这一形态的出现，是个股阶段性见底的标志，也是我们短期逢低买入的信号。

图 1-11 为北方股份（600262）2009 年 5 月 21 日至 9 月 30 日期间走势图，此股在一波快速上涨走势后的相对高位区出现了一个阴孕线（看跌孕线）的双日 K 线组合形态，这一形态的出现，是个股阶段性见顶的标志，也是我们短期逢高出局的信号。

孕线操盘注意事项：

（1）一般来说，孕线形态中的第一根 K 线的成交量会出现缩小，在阴孕线

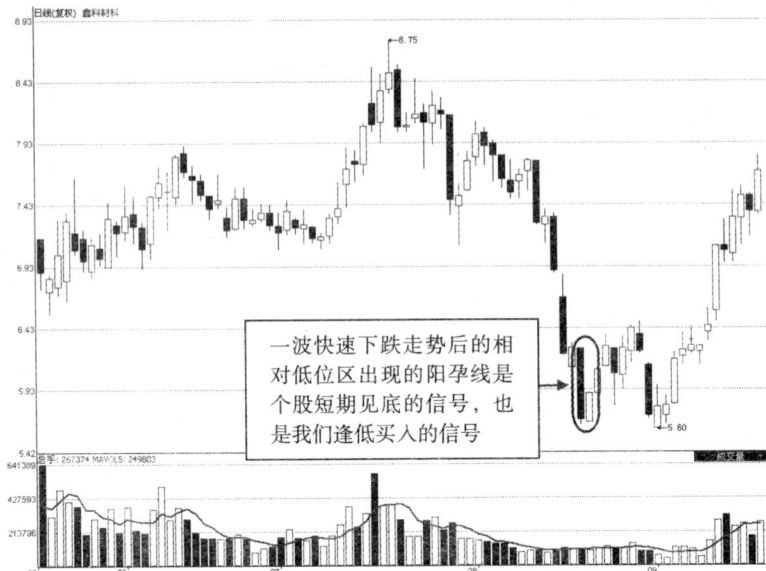

图 1-10 鑫科材料一波下跌走势后阳孕线示意图

一波快速下跌走势后的相
对低位区出现的阳孕线是
个股短期见底的信号，也
是我们逢低买入的信号

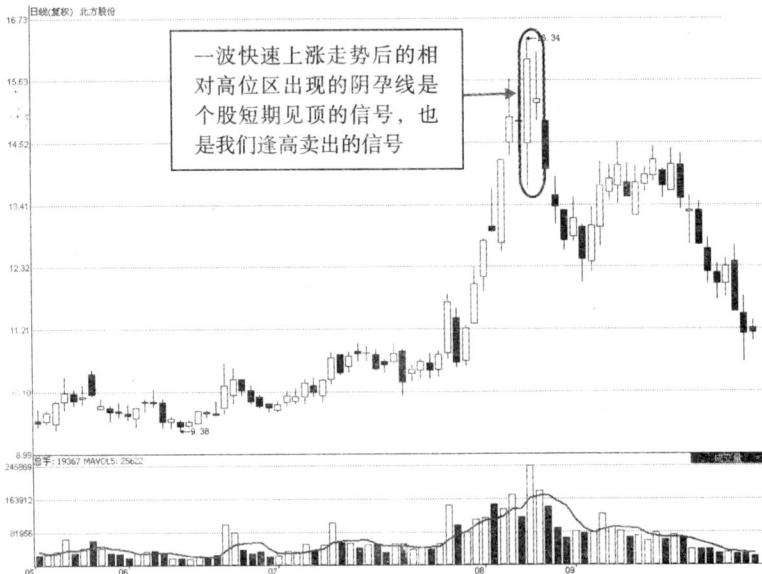

图 1-11 北方股份一波上涨走势后阴孕线示意图

一波快速上涨走势后的相
对高位区出现的阴孕线是
个股短期见顶的信号，也
是我们逢高卖出的信号

形态中，第一根 K 线量能变小说明空方抛压不重，是空方力量已释放完毕的信号；在阳孕线形态中，第一根 K 线量能变小说明买盘力量不足，是多方力量趋于枯竭的信号。

（2）如果左边的一根大阳线或大阴线包住了右边的多根 K 线，这种情况也属于孕线，且包住的 K 线越多，则阶段性反转走势出现的可能性也就越大。

（3）注意孕线所出现的位置区间，只有孕线出现在一波快速上涨后的相对高位区或是快速下跌后的相对低位区，才标志着阶段性反转走势即将出现，是我们短期内做多或做空的明确信号。

（4）注意周 K 线图中是否出现了这种孕线的组合形态。周 K 线图中的典型位置区域所出现的孕线形态往往是价格走势中期顶部或底部出现的标志。

二、抱线

孕线是一种前长后短的双日 K 线组合形态，而抱线则刚好相反，它是一种前短后长的双日 K 线组合形态。抱线也称为"穿头破脚"、"吞并线"，它由两根 K 线组成，前面一根是相对较短的 K 线，后面一根则是相对较长的 K 线，前面一根 K 线的最高价和最低价均不能超过后面一根 K 线的最高价和最低价，即后面一根 K 线完全吞没了前面一根 K 线（包括影线）。

抱线一般分为两种形态：一是前一根 K 线是一条相对较短的阴线（也可以为阳线），第二根 K 线是一条长的大阳线，这种抱线多出现在一波下跌走势的末期，因此我们也常把它称为看涨抱线；二是前一根 K 线是一条相对较短的阳线（也可以为阴线），第二根 K 线是一条长的大阴线，这种抱线多出现在一波上涨走势的末期，因此我们也常把它称为看跌抱线。

对于看涨抱线来说，我们可以这样理解它的形成过程：价格经一波下跌走势之后，来到了相对的低位区，首先出现的一根阴线是市场多方力量不足且反击无力的体现，随后第二个交易日，个股出现了一定的惯性低开，这一开盘价往往低于上一交易日的最低价，但是由于多方于当日盘中发动了大力反击，股价没能出现低开低走的走势，在多方的快速拉升下股价一路上涨，当日收出一根大阳线，当日的这根大阳线完全覆盖了前一交易日的阴线区域，故说明多方的反击力度极强，是多空双方力量快速发生转变的信号。对于看跌抱线来说，它的形成过程与看涨抱线正好相反，在此我们就不再赘述了。

图 1-12 为鄂尔多斯（600295）2009 年 9 月 2 日至 12 月 23 日期间走势图，此股在一波快速上涨后的相对高位区出现了一个阶段性的顶部标志信号——看跌抱线，这是个股短期内多空双方力量快速转变的标志，也是我们短期内逢高卖出此股的信号。

图 1-13 为标准股份（600302）2009 年 12 月 4 日至 2010 年 3 月 3 日期间走势图，此股在一波快速下跌后的相对低位区出现了一个阶段性的底部标志信号——看涨抱线，这是个股短期内多空双方力量快速转变的标志，也是我们短

图 1-12　鄂尔多斯一波上涨走势后看跌抱线示意图

图 1-13　标准股份一波下跌走势后看涨抱线示意图

期内逢低买入此股的信号。

抱线操盘注意事项：

（1）一般来说，抱线形态中的第二根 K 线的成交量会出现放大，在看涨抱线形态中，第二根 K 线量能放大说明买盘正加速涌入，是多方力量快速集结的信号；在看跌抱线形态中，第二根 K 线量能变大说明空方抛压突然加重，是卖盘大量涌出的信号。

（2）如果右边的一根大阳线或大阴线包住了左边的多根 K 线，这种情况也属于抱线，且包住的 K 线越多，则阶段性反转走势出现的可能性也就越大。

（3）注意抱线所出现的位置区间，只有抱线出现在一波快速上涨后的相对高位区或是快速下跌后的相对低位区，才标志着阶段性反转走势即将出现，是我们短期内做多或做空的明确信号。

（4）注意周 K 线图中是否出现了这种抱线的组合形态。周 K 线图中的典型位置区域所出现的抱线形态往往是价格走势中期顶部或底部出现的标志。

第六节　乌云盖顶

乌云盖顶又称乌云线形态，由一根中阳线（或大阳线）和一根中阴线（或大阴线）组成，第二根 K 线应高开于第一根 K 线的最高价之上，但收盘价大幅回落且接近当日价的最低价的水平，并且收盘价明显地向下深入到第一天阳线实体的内部。这种双日 K 线组合形态往往出现在个股一波上涨走势后的相对高点，属于一种见顶回落的转向形态。

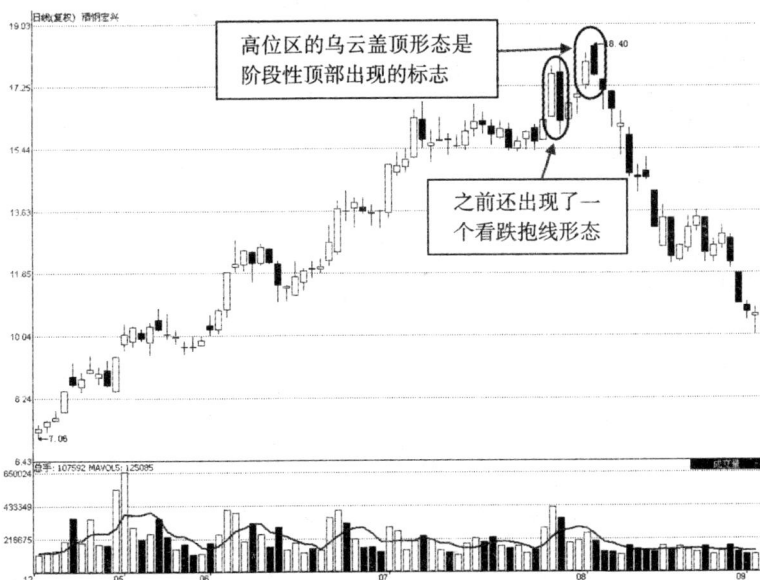

图 1-14　酒钢宏兴高位区乌云盖顶示意图

对于乌云盖顶形态来说，我们可以这样理解它的形成过程：第一根阳线是承接了之前的上涨走势的表现，随后第二个交易日，个股继续惯性高开，当日的开盘价高于上一交易日的最高价，然而由于此时个股的阶段性上涨幅度较大，从而使得获利盘集中涌出，使得当日的盘中价格走势节节下跌，收盘价接近当日最低价，并明显地深深扎入了前一天实体内部，这意味着市场价格上升动力耗尽，买方策划的最后一番上攻失利，结果被卖方控制大局，形成下跌。

图1-14为酒钢宏兴（600307）2009年4月28日至9月2日期间走势图，此股在快速上涨后的相对高位区出现了两个明显的阶段性顶部标志信号，一个是看跌抱线形态；另一个就是本节中所介绍的乌云盖顶形态，这两种形态都是多空双方力量发生转变的信号，也是我们应阶段性高抛个股的信号。

第七节　红三兵与黑三鸦

红三兵与黑三鸦均是三日的K线组合形态。红三兵形态出现在价格一波下跌回调走势后的相对低位区，它由三根中小阳线所构成，是多方力量开始占据一定优势的表现形式，预示着一波反弹上涨走势的出现，是看涨形态；黑三鸦形态出现在价格一波上涨走势后的相对高位区，它由三根中小阴线所构成，是空方力量开始占据一定优势的表现形式，预示着一波下跌走势的出现，是看跌形态。

在实盘应用这两种形态时，我们除了要关注它们所出现的位置区域外，还应关注它们的成交量情况。一般来说，红三兵形态出现时，其成交量是呈温和放大的，这说明买盘力量正在逐步加强；而黑三鸦形态则往往并不一定要出现放量，这也正是价格走势"涨时要放量，跌时可无量"的最好体现。

图1-15为酒钢宏兴（600307）2009年2月2日至6月25日期间走势图，此股在上升途中的一波回调走势后，出现了一个由三根中小阳线组合而成的红三兵形态，这是个股回调走势结束、新一波上涨走势即将展开的信号，也是我们在上升途中逢低买股布局的信号。

图1-16为华泰股份（600308）2009年5月11日至8月31日期间走势图，此股在一波快速上涨走势后，出现了一个由三根中小阴线组合而成的黑三鸦形态，这种形态出现在相对高位区，是市场抛压明显加重的表现，预示着一波回调走势即将出现，是我们短期内逢高卖出此股的信号。

上升途中，一波回调
走势后的红三兵形态
是个股回调走势结
束、新一波上涨走势
即将展开的信号

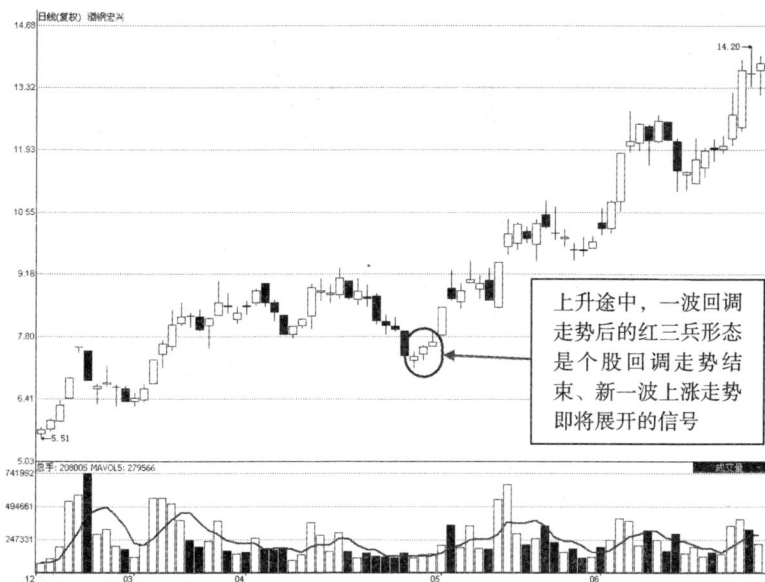

图1-15　酒钢宏兴回调走势后红三兵示意图

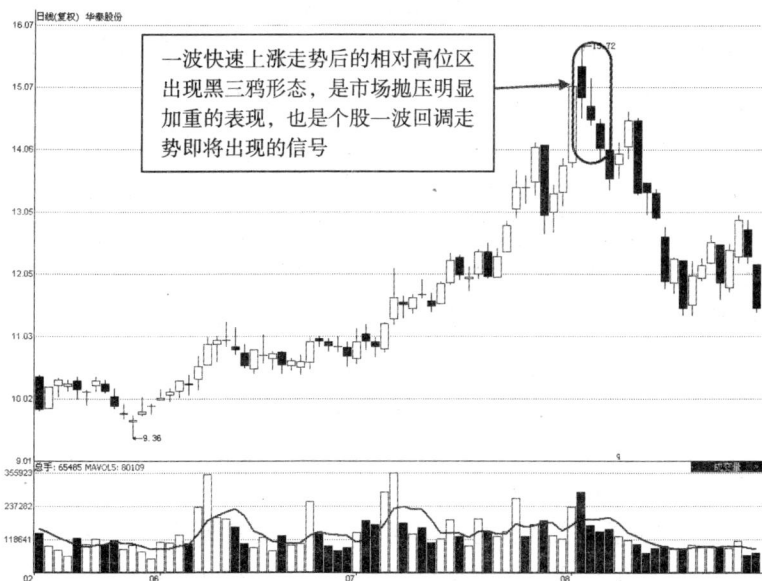

一波快速上涨走势后的相对高位区
出现黑三鸦形态，是市场抛压明显
加重的表现，也是个股一波回调走
势即将出现的信号

图1-16　华泰股份快速上涨后黑三鸦示意图

第八节　缺口

缺口是指在连续两个交易日的交投过程中，有一段价格区域没有任何交易，显示在股价趋势图上是一个真空区域，这个区域就称为"缺口"，通常也称为跳空。缺口是价格走势中的跳跃现象，它的出现往往是多方力量显著增强或是空方力量显著增强的表现形式，是我们分析预测价格走势时的重要 K 线形态之一。本节中，我们就来看看如何利用不同类型的缺口展开实盘操作。

依据缺口的跳空方向，我们可以把缺口分为上涨缺口和下跌缺口，如果后一交易日的最低价高于上一交易日的最低价，则这种缺口称为上涨缺口，反之，则称为下跌缺口。缺口的跳空方向仅仅指出了这两个交易日的价格运行情况，它并没有指明市场多空双方的力量是否已出现了明显的变化，为了从缺口这一形态中发现市场多空双方力量的变化情况，我们就要将缺口的跳空方向与价格的趋势运行方向相结合。

市场或个股整体运行趋势（即所谓的大趋势）可分为三种，它们是上升趋势、下跌趋势、横盘震荡趋势。我们把出现在横盘震荡中的缺口称之为普通缺口，普通缺口的跳空方向既可以是向上，也可以是向下，并且这一缺口在出现后一般随后会被回补。一般来说，普通缺口的出现并不会改变价格的整体走势，实战意义不强；我们把出现在个股上升途中且跳空方向为向上的缺口，或者是出现在个股下跌途中且跳空方向为向下的缺口，称之为持续缺口，持续缺口的出现是个股上升走势或下跌走势仍将继续的信号，也是趋势运行加速的表现。在缺口理论中，最为重要的缺口形态是突破缺口，突破缺口是指打破盘整走势具有突破意义的缺口，突破缺口是由大规模资金集中做多或做空所造成的，一般来说，行情刚刚开始时，出现的第一个跳空缺口我们可以称之为突破缺口。

图 1-17 为中金黄金（600489）2008 年 8 月 21 日至 2009 年 1 月 20 日期间走势图，此股在深幅下跌后的低位区出现了震荡盘整走势，在震荡盘整过程中，多次出现向上跳空或是向下跳空的缺口，但这种缺口并没有改变个股的盘整走势，因此我们可以将其称之为普通缺口，数量众多的普通缺口是市场短期波动较为剧烈的体现。此时，我们在分析个股的后期走势时，更应结合此股的整体走势情况，当个股经历了大幅度的下跌而在低位区多次出现这种预示着短期波动较为剧烈的普通缺口时，往往是底部出现的标志；反之，当个股经历了大幅度的上涨而在高位区频繁出现普通缺口时，往往是顶部出现的标志。

图 1-17　中金黄金普通缺口示意图

图 1-18 为白云山 A（000522）2009 年 7 月 27 日至 11 月 25 日期间走势图，此股在长期的低位区盘整走势后，出现了跳空方向向上的突破缺口，这一缺口的出现说明多方开始发动攻击，是个股一轮上涨行情展开的信号，由于此

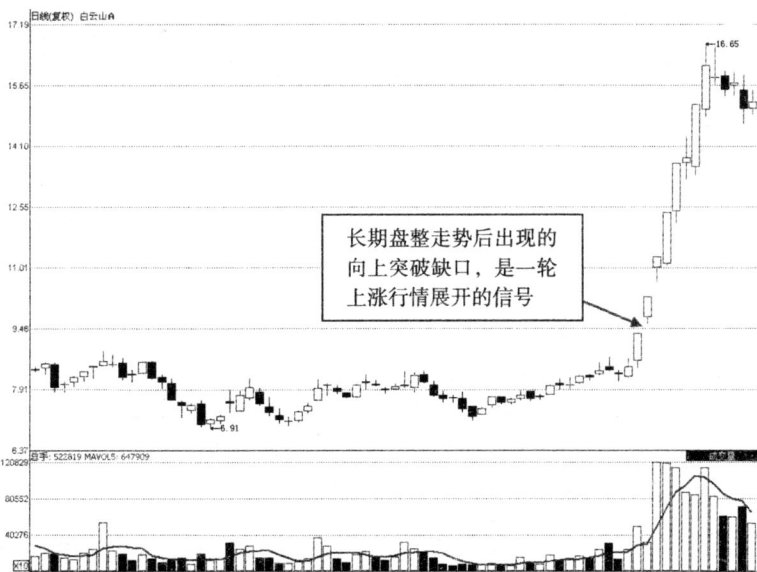

长期盘整走势后出现的
向上突破缺口，是一轮
上涨行情展开的信号

图 1-18　白云山 A 向上突破缺口示意图

股的前期累计涨幅较小，投资者在实盘操作中完全可以在突破缺口形成之初快速地追涨买入。

　　图1-19为浦发银行（600000）2007年7月9日至2008年3月26日期间走势图，此股在经历了高位区的持续震荡走势之后，出现了一个向下跳空的突破缺口，这一缺口出现在高位区的盘整走势之后，且方向向下，它预示着个股一轮下跌行情的展开，是个股跌势展开的明确信号。

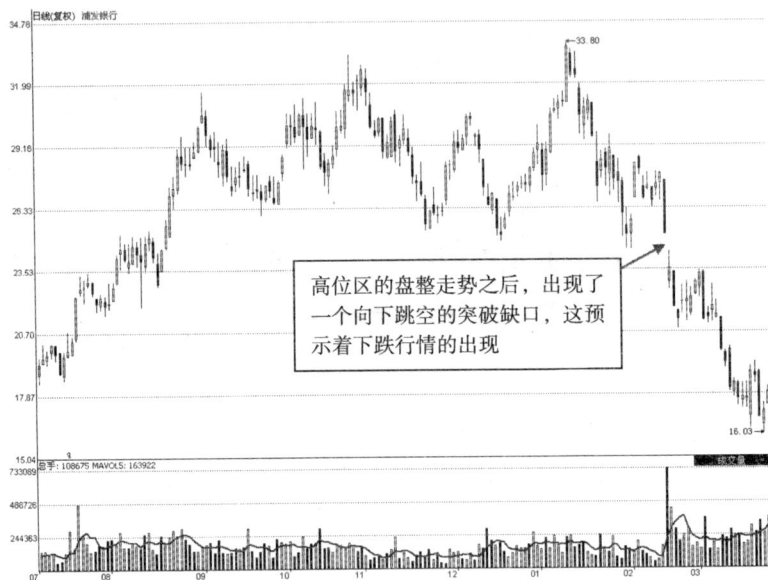

图1-19　浦发银行向下突破缺口示意图

第九节　中继形态

　　中继形态又称为中继整理形态，它是价格在上升趋势途中或下跌趋势途中的一次休整，当中继形态结束后，价格仍会沿原有的趋势方向运行下去。中继形态在性质上属于对原有趋势的整理加固，例如在上升趋势中，随着价格的持续走高，市场的获利回吐抛压也会逐步加重，市场追高买入的意愿会明显降低，这时就需要消化整固，只有让获利的筹码兑现出局，让继续看好后市的投资者入市，实现再换手，才能提高市场的平均持筹码本，从而减轻上升过程中的压力，这个充分换手的过程就是上涨途中的中继整理过程。中继形态有很多种，常见的有三角形、矩形、旗形、楔形等，识别出这些整理形态有助于利用

K 线形态把握好价格的中长期走势，不至于出现上升途中过早抛售个股或是下跌途中过早抄底的错误操作。

一、三角形中继形态

图 1-20 为上升三角形与下降三角形中继形态示意图，上升三角形出现在上升途中，高点基本不变，回调低点越来越高，价格变动区间由大到小，由宽变窄。这种形态体现了个股在整理阶段的市场买盘力量在逐步加强（因为个股还没有回调到前次的低点位，就在买盘资金的介入下再度出现上涨走势），是一个多方力量正在积蓄而空方力量则正在减弱的过程。下降三角形出现在下跌途中，低点基本不变，回调高点越来越低，价格变动区间由大到小，由宽变窄；这种形态体现了个股在整理阶段的市场卖盘力量在逐步加强（因为个股还没有反弹到前次的高点位，就在卖盘资金的抛售下再度出现下跌走势），是一个空方力量正在积蓄而多方力量则不断减弱的过程。

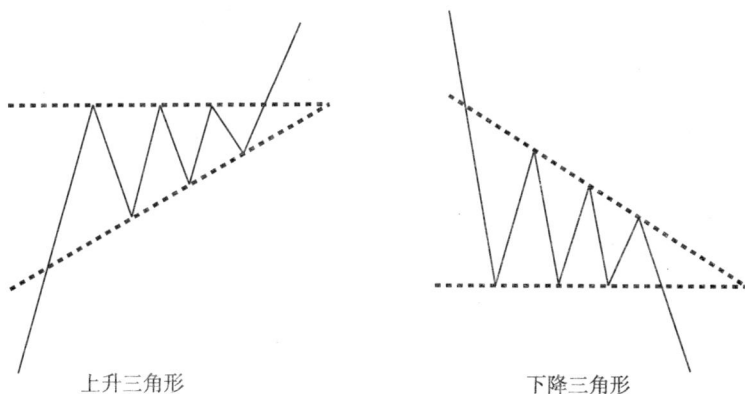

上升三角形　　　　　　　　　　下降三角形

图 1-20 上升三角形与下降三角形中继形态示意图

图 1-21 为光华控股（000546）2008 年 12 月 1 日至 2009 年 7 月 31 日期间走势图，此股在上升途中出现了一个耗时较长的上升三角形形态，上升三角形虽然说明了个股在上涨时遇到了空方的阻挡，但随着此股从回调时的低点一次比一次高，说明市场抛压越来越少，预示着多方动能仍然较为充足。从图 1-20 中走势可以看到，在这一上升三角形出现后，此股再次步入了上升通道之中，上升三角形只是这次整体性上涨途中的一次整理而已。

二、旗形中继形态

旗形走势如同一面挂在旗杆顶上的旗帜，从几何学的观点看，旗形应该叫

图1-21 光华控股上升途中的上升三角形示意图

平行四边形，它的形状是一个上倾或下倾的平行四边形。在旗形形态中，股价经过一连串紧密的短期波动后，形成一个稍微与原来趋势呈相反方向倾斜的长方形，这就是旗形走势。旗形也同样可以分为上升旗形与下降旗形，其形态如图1-22所示。

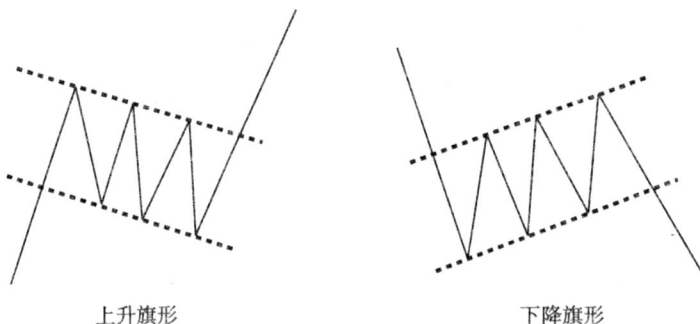

上升旗形　　　　　　　　　　　下降旗形

图1-22 上升旗形与下降旗形示意图

图1-23为泸州老窖（000568）2009年1月5日至7月10日期间走势图，此股在上升途中走出了一个较为标准的上升旗形整理形态。这一形态出现在个股累计涨幅不大的背景下，且个股前期处于明确的上升趋势之中，它的出现是个股在上升途中的一次休整过程，也是多方力量的一次聚集过程。随着旗形形态的构筑完毕，市场的获利抛压也将得到极好的消化，是个股后期仍将延续上

升走势的标志。

图 1-23　泸州老窖上升旗形示意图

三、楔形中继形态

与旗形的中继整理形态略有不同，楔形是一种高点逐波走低、低点也逐波走低，且整体形态呈三角形收敛，其形态如图 1-24 所示。

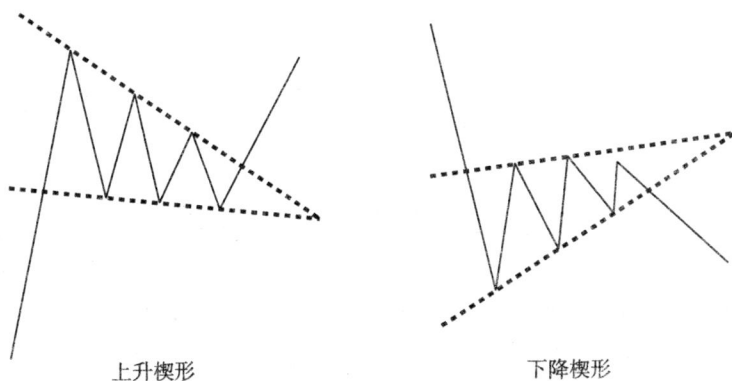

上升楔形　　　　　　　　　下降楔形

图 1-24　上升楔形与下降楔形示意图

图 1-25 为友利控股（000584）2009 年 2 月 10 日至 8 月 10 日期间走势图，此股在上升途中出现了一个较为典型的楔形中继整理形态。个股前期处于

明确的上升趋势之中，且这一形态出现在个股累计涨幅不大的背景下，因此它的出现仅仅是个股在上升途中的一次休整过程，一旦休整结束，个股仍将按原来的上升趋势继续运行，该股后期的走势也确实如此。从本例中我们可以看出，上升楔形是非常可信的做多信号。

图 1-25　友利控股上升楔形示意图

四、矩形中继形态

矩形形态是价格波动过程中所出现的高点基本相同、低点也基本相同的 K 线走势形态，一般来说，这往往是主力"上压下托"的洗盘手法所造成的，价格的上下波动幅度不会过大，多是一种针对获利浮筹持股耐心不足的特点而实施的洗盘手法。图 1-26 为 ST 太光（000555）2009 年 8 月 20 日至 2010 年 4 月 16 日期间走势图，此股在上升途中就出现了这种矩形整理形态，个股在矩形区域的波动幅度较小，说明空方抛压并没有显著增强，而多方也没有急于发动攻击，这是个股在上升途中的一次休整，也是消化前期获利抛压的一个过程，一旦休整完毕，个股仍将会延续原有的上升趋势运行下去。

图 1-26 ST 太光上升途中的矩形示意图

第十节 底部形态

　　底部与顶部是一组相对的概念,底部出现在深幅下跌走势之后,而且其估值状态往往也是处于历史上的相对低估区域;顶部则是出现在大幅上涨之后,其估值状态往往是处于历史上的相对高估区域。底部是价格已跌无可跌的区间,在此买入是机会的象征;顶部则是价格已涨无可涨的区间,在此应积极卖出,规避高位被套的风险。本节及下一节中,我们将从一些经典的组合形态入手,在结合实例的基础之上,看看如何利用这些经典的 K 线组合形态来识别底部与顶部的出现。

一、双重底（也称 W 底）

　　双重底是由两个相同或相差不多的低点所组成的底部形态,由于价格走势在这段时间的移动轨迹就像英文字母 W,故又称 W 底形态。双重底形态中有两条线较为重要,一个是连续两个低点的支撑线,一个就是颈线。从图 1-27 标准的双底形态示意图中可以看出,双底形态是一种二次探底的 K 线形态。当价格经过长期且幅度巨大的下跌之后,买盘的大力介入促使其出现放量反弹上涨走势,但由于前期市场的空头氛围仍然较重,在遇到前期套牢盘和短线获利盘的抛压时，价格再次回落，但此时的回落却往往会呈现出量能大幅萎缩的形态，这说明市场的做空力量已明显不足。当价格再度跌至前期低点时，市场买盘资金再度占据主导地位并开始大力介入，经过这一次的震荡起伏后，多方力量得以积聚，而空方力量得到消耗，随后在多方的大力反击下，价格走势向上突破颈线（一般来说，量能会明显放大），从而形成完整的双底形态。

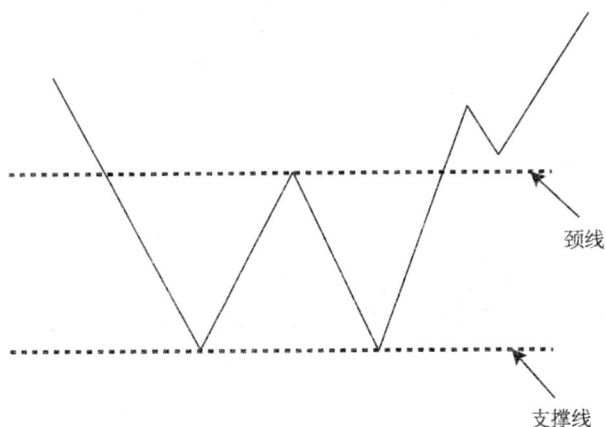

颈线

支撑线

图 1-27 标准的双底形态示意图

图 1-28 为东北制药（000597）2008 年 5 月 30 日至 2009 年 1 月 21 日期间走势图，此股在深幅下跌后，出现了一个二次探底的双底形态。在实盘操作中，当个股由深幅下跌后出现这种较长时间的止跌企稳走势时（本例为双底形态），我们就应意识到个股的底部已出现，如果同期大盘也走好，且个股估值处于一种明显的相对低估状态，则我们就应着手买入。对于双底形态而言，它有两个较为理想的买点，第一个买点出现在价格走势二次探底的时候，此时，由于个股在经历了前一波的放量反弹、缩量回调走势后，我们就基本可以预测到个股底部很可能已经出现，因此应于二次探底时买入；第二个买点出现在价格走势放量向上突破颈线的时候，在经历了较长时间的双底震荡走势之后，若价格再度出现这种放量突破颈线的走势，则此表现绝非是个股下跌途中的反弹走势，是底部出现的明显信号，也是双底形态构筑完毕的信号，此时买入虽然买在了底部的相对高位区，但由于价格运行趋势已经发生反转，后期的上涨空间仍然巨大，因此不失为一个风险与收益最佳组合下的买点。

二、头肩底

头肩底形态是最为常见的一种底部形态，它的出现频率一般要高于其他几种底部形态，图 1-29 为标准的头肩底形态示意图。头肩底形态由三个部分构

图 1-28 东北制药双底示意图

成，它们分别是价位同高的左肩、右肩，以及价位最低的头部。一般来说，从左肩下跌到头部的这一段走势往往是由于最后一波恐慌性抛售所导致的，多是在大盘的震荡下形成的，由于此时的空方力量趋势枯竭，这一段的下跌往往呈现出明显的缩量形态；从头部到右肩的一部上涨走势则往往是放量，且当个股从右肩处向上突破颈线时的量能会再度放大，这说明推高股价反弹上涨的主因是买盘资金的持续大力介入。

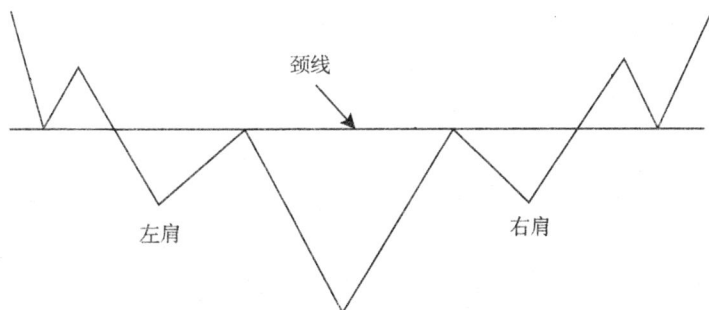

图 1-29 标准的头肩底形态示意图

图 1-30 为 ST 清洗（000598）2008 年 6 月 2 日至 2009 年 2 月 18 日期间走势图，此股在深幅下跌后出现了一个开阔的头肩底形态。一般来说，个股在底部的形态越开阔，说明它的止跌企稳走势越牢靠，其所具有的趋势反转含义

也就更显著。在实盘操作头肩底形态时，我们有两个较好的买点可供选择，第一个买点出现在个股反弹上涨形成右肩的时候，此时我们可以基于个股前期出现的止跌企稳走势及放量上涨、缩量下跌等形态判断出市场多空双方的力量对比正在发生转变，在一波缩量回调后，在形成右肩的位置处逢低吸筹；第二个买点出现在放量突破颈线的时候，此时头肩底形态完全形成，且多方攻击意图一览无余，这种放量向上突破颈线的形态也是一轮上涨行情即将展开的信号，因此我们应及时介入。

图 1-30　ST 清洗头肩底示意图

三、圆弧底

圆弧底，顾名思义，其底部 K 线走势的形态如圆弧，它清晰地体现了多空双方力量循序渐进的转变过程。当价格经历了深幅下跌之后，随着卖盘抛售意愿逐步降低，买盘进场意愿逐步加强，多空双方力量对比情况也开始发生了逐步的转变。起初，买盘的进场速度较为缓和，放量也较为温和，随后，当越来越多的场外资金发现趋势正在转向时，买盘开始加速介入，多方力量也快速加强，价格走势开始向上加速突破并放量颈线位置，从而形成了完整的圆弧底形态。

图 1-31 为华立药业（000607）2008 年 7 月 29 日至 2009 年 2 月 6 日期间走势图，此股在深幅下跌后出现了一个圆弧底形态。圆弧底形态是多空力量对

比情况逐步转变的直观反映。当个股放量向上突破颈线时宣告圆弧底形态正式形成，在实盘操作中，圆弧底形态较为明确的买点出现在个股放量突破颈线后的回调走势中。一般来说，当个股放量突破颈线后，当股价再度回调至颈线附近处时，就是我们逢低买入布局的好时机。

图 1-31　华立药业圆弧底示意图

四、V 形底

V 形底又称为尖底，是价格走势中较为迅速、强烈的底部反转信号，该形态的底部只出现一次，而且其在低位停留的时间一般很短。V 形底形态出现深幅下跌，是市场恐慌性抛售所导致的，当个股经历了短期的快速下跌走势后，由于买盘资金的大力度快速介入，股价随即形成单日或双日 V 形反转，并伴随着成交量的急剧放大，股价大幅度回升。在应用 V 形底形态进行实盘买卖时，我们一定要关注以下两点：一是股价的累计跌幅，二是 V 形底形态出现时的量能效果。

图 1-32 为八一钢铁（600581）2008 年 8 月 5 日至 2009 年 2 月 17 日期间走势图，此股在深幅下跌后的低位区出现了快速下跌走势后的 V 形反转走势，个股在短期内上涨幅度极大且上涨时的量能也大幅放出，这是买盘资金在短期内大力度涌入所形成的。对于 V 形底形态下的买点，一般来说较难以把握，在实盘操作中，我们可以灵活应对。例如对于本例而言，在 V 形底形态形成

后，我们可以看到个股经短暂的休整后（我们可以将此时的位置当作是颈线位置处），再度向上运行，此时，我们就不宜盲目追高买入了，因为个股短期的上涨幅度已经过大（接近翻倍），在没有出现消化短期获利抛压的走势前，我们都是不宜追高介入的，以免出现短期被套的尴尬局面。如图 1-32 标注，在经一波明显的缩量回调至颈线附近时，我们可以看到它的量能萎缩得非常明显，这说明短期内做空动能已经不足，前期的获利抛压得以消化，是我们介入此股的好时机。

图 1-32　八一钢铁 V 形底示意图

第十一节　顶部形态

一、双重顶（也称 M 顶）

双重顶是由两个相同或相差不多的高点所组成的顶部形态，由于价格走势在这段时间的移动轨迹就像英文字母 M，故又称 M 顶形态。双重顶形态与双重底形态正好相反，它也有两条线较为重要，一条是连续两个高点的阻力线；另一条就是颈线。双重顶形态是价格走势的二次探顶形态，一般来说，在价格走势二次探顶的一波上涨过程中，往往会出现明显的缩量，这说明市场的买盘已然枯竭，无力再度推升价格走势步入到上升通道中。

图 1-33 为新安股份（600596）2007 年 8 月 5 日至 2008 年 4 月 22 日期间走势图，此股在大幅上涨后的高位区出现了一个二次探顶的双重顶形态。在此股的第二波探底走势中，我们可以看到它的量能明显不足，这是买盘趋于枯竭的表现。在实盘操作双重顶形态时，我们有两个较为明确的卖点可供选择：第一个卖点出现在个股的二次探底时，这时由于个股顶部区的震荡幅度加剧、前期有巨大的累计涨幅、二次探顶时的量能不足等因素，我们可以大致推断出此股已步入顶部区，因此选择在二次探顶时逢高抛售；第二个卖点出现在向下突破颈线后的反弹走势中，在个股出现了二次探顶而无力上攻的走势后，此时的这种向下跌破颈线的走势无疑表明空方开始占据主导地位，是顶部正式形成的标志，顶部一旦形成，后期仍将有较大的下跌空间，因此我们应选择在个股向下跌破颈线后的反弹走势中逢高出局。

图 1-33　新安股份双重顶示意图

二、头肩顶

头肩顶形态的形成过程与头肩底形态的形成过程正好相反，它们的构成较为相似，头肩顶也是由左肩、头部、右肩三部分构成，一般来说，从左肩上涨到头部的这一段走势往往是由市场的最后一波狂热情绪推动所致，由于此时的多方力量趋势枯竭，因此这一段创出新高的上涨走势往往呈现出明显的"量价背离"形态（即虽然这一波的上涨走势使得价格创出了新高，但是这一波上涨走势中的成交量却要显著地小于前期主升浪时的量能）。

图 1-34 为中信证券（600030）2007 年 2 月 1 日至 2008 年 4 月 8 日期间走势图，此股在大幅上涨后的高位区出现了一个形态开阔的头肩顶形态，头肩顶形态的出现说明多空双方的力量对比正在发生转变。从图 1-34 中可以看到，在形成头部的一波创新高的上涨走势中，成交量并没出现放大，而是呈现出量价背离形态，这种量能形态再结合价格的前期累计涨幅，可以帮助我们确认个股的上升趋势即将见顶。

图 1-34　中信证券头肩顶示意图

在实盘操作头肩顶形态时，我们有两个较好的卖点可供选择，第一个卖点出现在个股形成右肩的时候，此时我们可以基于个股前期出现的高位滞涨走势及量价背离等形态判断出市场多空双方的力量对比正在发生转变，因此应在一波无力反弹走势后所形成的右肩位置处逢高抛售；第二个卖点出现在向下跌破颈线的时候，此时头肩顶形态完全形成，是下跌趋势即将展开的信号，于是当个股再度反弹至颈线附近处时，就是我们顶部逃命的最后一个时机。

三、圆弧顶

圆弧顶，顾名思义，其顶部 K 线走势的形态如圆弧，与圆弧底形态正好相反，如果说圆弧底形态体现了空方力量逐步减弱、多方力量逐步加强的这样一个循序渐进的过程的话，那么，圆弧顶形态则体现了多方力量逐步减弱、空方力量逐步加强的过程。

图 1-35 为熊猫烟花（600599）2007 年 7 月 27 日至 2008 年 4 月 17 日期间走势图，此股在大幅上涨后的高位区出现了一个圆弧顶形态。由于在圆弧顶形态的构筑过程中，个股要经历一段时间的高位滞涨走势，因此在实盘操作中，我们可在个股于圆弧顶形态中的弧顶滞涨走势出现时高位卖出。

图 1-35 熊猫烟花圆弧顶示意图

四、V 形顶

V 形顶又称为尖顶，是价格走势中较为迅速、强烈的顶部反转信号，该形态的顶部只出现一次，而且其在高位停留的时间一般很短。V 形顶形态出现高位区的拔高走势中，多是由于市场狂热情绪或主力借大盘之势顺势拔高所致。一般来说，在 V 形顶的一波上涨走势中，会出现明显的量价背离形态，此时，我们就要留意到顶部可能即将出现，在实盘操作中，应采取逢高逐步减仓的策略（越涨越卖，且短期内不再回补），一旦个股在这一波快速拔高走势后出现了急速的反转下跌走势，不仅吞噬了这一波的上涨走势成果，而且还有再度破位下行的势头时，就意味着 V 形顶形态已完全形成。

图 1-36 为中金岭南（000060）2006 年 9 月至 2008 年 4 月期间走势图，此股在大幅上涨后的高位区出现了一波快速拔高走势，但是我们可以看到，这

一波的拔高走势明显得不到成交量的有效配合，由于此时前期个股累计涨幅巨大且这一波的上涨走势较为快速、量能缩小得也较为明显，因此在实盘操作中，我们就要意识到上涨走势很可能已经到顶，并应在这一波的上涨走势中采取逢高减仓的策略，保住到手的利润。

图 1-36 中金岭南 V 形顶示意图

第二章 量能操盘术——成交量解读技术

证券市场的价格走势是可以预测的，因为价格走势仅仅只是一种表面现象，如果我们理解了引导价格走向的原因后，就可以提前预知它。那么，什么是决定价格走向的内因呢？这就是"成交量"。本章中，我们将在带领读者深刻理解"量在价先"这一原理的基础之上，向读者全面阐释如何利用不同的成交量形态进行实盘操作。

第一节 成交量所蕴涵的市场含义

美国著名的投资专家格兰维尔曾经说过："成交量是股票的元气，而股价是成交量的反映罢了，成交量的变化，是股价变化的前兆。"这句话道出的成交量的深刻含义，我们可以从以下几方面着手来理解它。

一、成交量体现了多空双方的交锋力度

成交量是股市的元气，表示市场中参与者的多寡程度，这种多寡程度会随着各种因素（如市场人气、政策导向、经济情况、重大事项等）而转变。我们可以把价格的上涨或下跌看作是多空双方交锋结果的体现，而把成交量的大小看作是多空双方交锋力度的体现。在市场氛围较好的时候，股市会吸引更多的投资者介入，此时的量能也会出现放大，好的市场氛围也是产生一轮行情的关键所在。透过成交量，我们可以更好地了解当前的市场气氛如何、多空双方交投是否踊跃，从而可以提前预测出一轮行情是否近在眼前。而且，在结合当日价格走势的基础上，我们还可以明确地知道：在这种强力的交锋之下，是多方占据了主动地位，还是空方占据了主动地位。

二、成交量体现了二级市场的供求关系

在结合价格走势的基础之上，我们可以透过成交量来了解到当前市场中买

入筹码的买盘（需求方）与抛售筹码的卖盘（供应方）之间的供求关系。在股票的某一个价格区间内、在某一段时间内，这只股票的成交量直接反映出买卖双方在这个点位对股票价格的认可程度，当价格走势步步上涨时，此时若出现放量上涨的形态，说明虽然价格的持续上涨使得不少持股者获利出局，但是股价上涨也同样带动了更多买盘的积极参与，目前的市场仍处于求大于供的局面（体现在价格走势在买盘的推动下出现了上涨）；反之，当价格走势持续下跌时，此时若出现成交量相对萎缩的形态，这说明虽然价格的持续下跌使得很多持股者抛售意愿不强烈，但是由于买盘入场行为不积极且数量较少，从而使得市场仍处于供大于求的状态（体现在价格走势在卖盘的打压下出现了下跌）。

三、成交量是行情产生的基础、价格上涨的动力

量价分析的实质就是动力与方向分析，成交量是动力，而价格走势则是方向。虽然公司的基本面情况、经济、政策因素等均会影响到股价的走势，但归根结底，决定涨跌的力量还是来自市场本身的买卖活动，一轮上涨行情的出现源于不断涌入的买盘推动，当价格持续上涨时，势必使更多的投资者有获利出局的愿望，这时能推动价格持续上涨且站稳于高位的关键就是是否有足够的买盘资金来承接这些获利抛盘且再度推升价格上涨。可以看出，价格上升走势中多应伴以成交量的同步放大作为支撑，这既是量价分析的一般性原理，也是成交量作为一轮行情基础的原因所在。

四、成交量是股价走势的先兆

通过成交量我们可以提前预知个股未来走势，在股市中我们最常听到的至理名言中一定有"量在价先"这句话，它概括地说出了成交量的作用所在。成交量的放大或缩小都蕴涵了一定的市场含义。量能形态也是我们解读市场多空双方实力转变的关键所在，透过成交量形态，我们可以更好地了解到多方的力量是否充足，空方的抛压是否沉重，多方力量是否由于在短期内的过度释放而暂时不足等。不同的成交量形态往往会反映出截然不同的市场信息，通过这些成交量形态我们可以获取有用的市场信息，因此我们可以说，成交量是价格走势的先兆。

五、成交量中隐藏着主力的信息

主力是证券市场中的资金大鳄，它们手握重金、吸筹数量巨大，往往引导或主宰着一只个股的走势，于是看清主力行为、准确揣摩出主力意图是我们获利的关键所在。那么，我们应如何分析主力呢？据笔者经验来说，主力的控盘

能力、控盘意图等信息往往就体现在成交量上，主力无论是处于建仓、拉升、洗盘、出货的哪个阶段中，都会在盘面上留下一些线索，在这些线索中，成交量形态往往隐藏了重要的信息，例如脉冲式放量往往是主力对倒出货的手法、极度缩量形态往往说明此股的市场浮筹极少且有巨型主力隐匿其中、个股在起涨初期的缩量上涨往往是主力底部吸筹充分的体现等。由于考虑到了主力这个因素，我们在进行量价分析的时候就要"具体个股、具体分析"，不能拿经典的量价理论来进行千篇一律的套用，例如经典量价理论认为只有"量价齐升"（即一波的上涨走势使得价格创出新高，则这一波的量能大小也应创出新高，两者呈现出同步的形态）才是升势健康的表现，但如果一只个股由于主力的入驻而出现浮筹极少的情况，那是完全可以出现持续的缩量上涨走势的，经典量价理论没有考虑到主力的因素存在，这是我们在实盘操作中所要注意的。

第二节 "发酵型"的放量

放量是指股票在某一段时间内的成交量相对于前一段时间的平均成交量出现了放大的态势，而缩量则情况刚好相反。放量是市场交投趋于活跃的表现，也是多空双方交锋趋于激烈的表现，相比于缩量形态来说，放量形态更加复杂一些，虽然同为放量，但是由于量能的放大效果不同、放量持续的时间长短不同等因素，不同的放量形态往往具有明显不同的市场含义。本节及随后几节中，我们将首先介绍最为常见的几种放量形态，它们分别是温和放量形态、连续放量形态、脉冲放量形态及递增放量形态，在结合价格走势的基础之上，准确地解读出这些不同量能形态所蕴涵的市场多空信息，是我们成功操盘的关键所在。

发酵型的放量是指近期的量能相对于之前而言，呈现出一种前后连续且较为温和的放大效果，这种放量效果就如面团发酵时的过程一般，有一个缓和变大的过程，这种放量形态多出现在底部区域或上涨行情的初期，它体现了市场交投气氛较为活跃、投资者介入力度开始加大。一般来说，这种"发酵"的过程往往也是多方能量得以孕育、生长的过程。在实盘操作中，我们一般将这种放量形态称之为温和放量。

在分析温和放量所具有的市场含义时，我们要结合价格的整体走势情况，例如如果温和放量形态出现在深幅下跌走势之后的低位区，只有在温和放量形态下同时出现了价格的止跌企稳走势，我们才可以将温和放大的量能形态理解为买盘资金开始持续介入、多方力量有效地抵挡住了空方的抛压；而当温和放量形态出现在高位区的一波反弹上涨走势时，这时的温和放量往往只是局部上涨时的量能温和放大，是卖盘没有大量抛出的标志，我们不能将其理解为买盘资金正持续介入。下面我们结合实例来看看如何利用温和放量形态展开实盘操作。

图 2-1 为招商银行（000024）2008 年 3 月 19 日至 2009 年 2 月 4 日期间走势图，此股在深幅下跌后的低位区出现了止跌企稳且成交量温和放大的形态，温和放大的量能形态说明市场多空双方的交锋开始趋于激烈，这是多空双方分歧加剧表现。一般来说，能够引发多空双方力量分歧加剧的直接原因就是短期内价格走势的震幅加剧。对于本例而言，我们可以看到，它在低位区的震荡走势中，其波动幅度是较大的，在多空双方分歧开始明显加剧后，必有一方会在随后占据主导地位，多方力量可以成功瓦解掉空方的抛压还是空方的打压让多方的反击只是昙花一现呢？为了得出准确的结论，我们就要从价格的整体走势与局部走势着手分析。

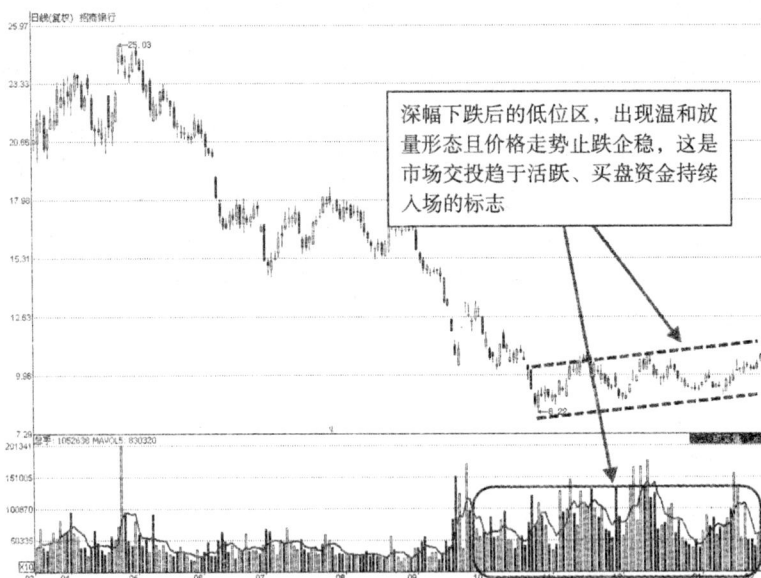

图 2-1　招商银行深幅下跌后低位区温和放量示意图

对于此股的整体走势来说，此时的价位是处于深幅下跌的低位区间，前期持续的大幅下跌已使得个股的估值状态处于偏低的状态，而且空方的力量也已在持续下跌途中得到了较为充分的释放，因此我们可以预知，此股后期的下跌空间必然较小；对于此股的局部走势来说，我们可以看到，在温和放量形态下，虽然此股的震荡幅度加剧，但是股价重心却缓步上移，这是局部走势中多方力量强于空方力量的表现，因此是买盘力道更强的体现。通过以上的综合分析，我们可以得出结论：这种出现在深幅下跌后低位区的温和放量且伴以止跌企稳走势的形态，是市场多空双方实力转变的标志，也是个股底部区出现的标志，在实盘操作中，它是我们进行中长线买入布局的可靠信号。

图 2-2 为 *ST 华控（000036）2008 年 5 月 23 日至 2009 年 3 月 11 日期间走势图，此股在深幅下跌后的低位止跌企稳区间出现了温和放量形态，这是场外买盘资金开始加大力度买入的结果。经过一段时间之后，此股再度出现量能温和放大形态，但这一次的温和放量形态是出现在此股脱离低位区向上突破的一波涨势中，这时的温和放量形态说明市场买盘充足，正是由于充足买盘资金的大力度介入，才使得个股可以在面临着大量短线获利抛盘的基础之上继续向上运行的，这也是个股上升趋势初期正在形成的典型的标志——"放量上涨"。

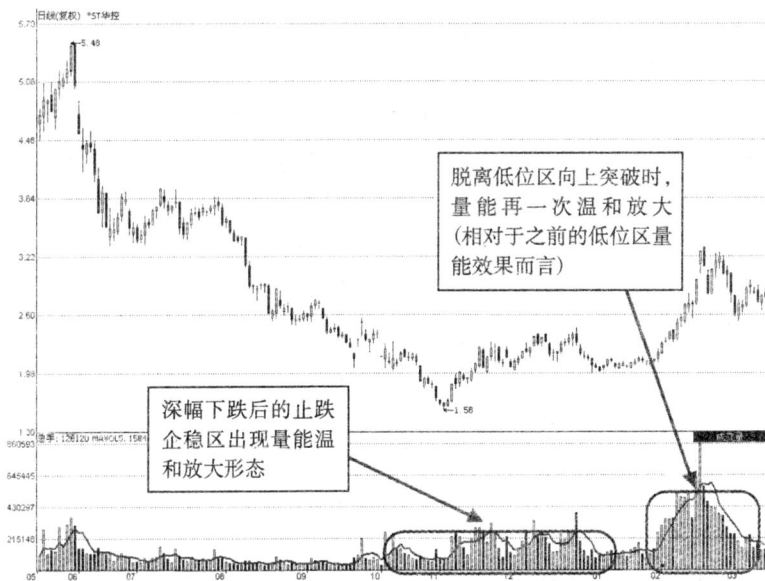

图 2-2　*ST 华控单根 K 线形态构成图

第三节　"膨胀型"的放量

"膨胀型"的放量在实盘操作中常称为"连续放量"、"连续大幅放量"、"堆量"等，是量能突然快速膨胀的放量形态，即成交量突然出现连续且幅度较大地放出，且成交量的放出效果在较长一段时间内能够维持，这种量能形态是成交量"台阶式"地跃动，在连续大幅放量前后，我们可以看到个股的量能大小明显处于两种效果，在连续大幅放量之后的一段时间内，虽然期间也会发生缩量的情况，但即使是缩量，此期间成交量也要明显高于股价启动前的平均水平，给人一种股票交投极为活跃的感觉。之所以将这种放量形态称之为膨胀型的放量形态，是因为它的放量方式就如同我们平常吹气球一般，我们可以三下五除二地轻易将一个气球吹大，这是一个气球快速膨胀的过程，但是这种膨胀有一个极限，当气球膨胀到一定范围时，就不能再继续变大了，同样在这种膨胀型的放量形态中，个股的量能也是三下五除二地快速放大，并且在极短的时间内即放大到它的最大限度，气球膨胀到最大时可以得以长时间维持，这种量能形态也一样，当它膨胀到最大限度时，也一样可以在较长的时间内保持住这种放量效果。

由于量能的大小体现了多空双方的交锋程度，而多空双方的激烈交锋也势必会使个股的股价出现剧烈的波动，因此在连续大幅放量形态下的个股走势往往也是短期的快速上涨或下跌，其中尤以短期的快速上涨最为常见。成交量的产生来自于交易的双方，如果我们对卖盘的大量抛售还较为容易理解的话（因为股价短期的过快上涨，势必会使更多的持股者有抛售愿望），那么，在连续大幅放量之下充当买家的又是什么人呢？散户投资者在股市中的操盘行为比较分散，不可能在某一个时间点采取统一的买入操作，因此当个股突然出现连续大幅放量且上涨的走势时，我们完全可以认为这是主力参与的结果，但主力的参与并不等于主力在大量买入，主力也完全可以通过"对倒"手法来制造成交量。

那么在什么时候，连续大幅放量并伴以价格的上涨走势形态是主力资金大力建仓买入的表现呢？什么时候这种形态又是主力对倒拉升的手法呢？据笔者经验来说，我们可以从两方面着手，一是连续大幅放量出现前的股价走势情况；二是连续大幅放量的放量效果及后期保持效果。

当个股处于深幅下跌后的低位区时，此时市场上基本没有什么获利盘，此时个股出现的连续大幅放量上涨形态多是主力资金快速建仓的体现，如果我们查看一下这时出现连续放量的个股，我们就会发现，它们多是那些有着"传闻"或某些题材的个股，这些题材股的"热度"来得快，去得也快，为了能达到最好的炒作效果，主力资金往往会采用快速拉升建仓的方式，股价的短期快速上涨引发了场内多空双方的明显分歧，市场交投趋于激烈，而主力则在这种明显加大的分歧中实现了快速的建仓，这类个股在主力的建仓、快速拉升之下，会向上跳升至一个新的台阶。随后，由于参与题材股的短线客增多及快进快出、主力资金的高抛低吸并辅以对倒手法来控制股价等原因，个股在相对高位区的震荡幅度也要明显大于其他个股，且成交量也不会出现明显的萎缩，主力为了可以在相对高位区成功出货，会积极维护股价，这类个股也会在经历了短期快速上涨之后于相对高位区出现震荡盘升的走势。可以说，出现在深幅下跌后的低位区的连续大幅放量上涨是机会的象征，它预示着有主力资金大力介入此股，预示着此股随后可以保持向上运行的格局。反之，当连续大幅放量形态出现在个股前期已有较大幅度上涨的背景下时，它往往是主力对倒拉升手法的体现，当这种连续放量的效果开始明显减弱的时候，往往也就是个股中期顶部出现的标志。

对于连续大幅放量的放量效果及后期保持效果而言，发生在主力建仓行为下的连续大幅放量的效果更为鲜明。这是因为主力的短期买入力度较大，而市场的短期抛售力度也较大，此时连续放量下的买卖盘较为真实，主要体现了市场交投快速活跃、买卖双方分歧加大，并且这种趋于激烈的多空分歧往往会随着股价震荡的加剧而在较长一段时间内得以持续，因此这种连续放量的效果也可以在较长一段时间内得以保持；但是发生在主力对倒拉升行为下的连续放量，其量能放大效果相对来说要差一些，虽然对倒也是真实发生的交易，但这毕竟会增加主力的持仓成本，主力的对倒只是为了吸引追涨盘介入、达到快速拉升个股上涨的目的，当这一目的得以实现时，主力就会放弃对倒行为，因此此时的连续放量持续时间也相对较为短暂。下面我们结合实例来看看如何利用连续大幅放量分析个股的走势，并展开实盘买卖操作。

图2-3为杭萧钢构（600477）2008年1月7日至12月22日期间走势图，此股在深幅下跌后于低位区突然出现了连续放量上涨的形态，由于股价短期出现了巨幅波动，市场多空双方的分歧明显加剧，很多持股者基于之前熊市反弹操作思维而选择逢高出局，但是他们的抛压并没有转化为股价下跌的动力，此股在主力资金快速大力的介入下保持了上涨态势。从图2-3中我们可以看到，此股随后在较长一段时间内都保持了这种连续放量的效果，股价重心也稳步上移，这是个股由于短期波动幅度加大从而导致市场多空分歧加剧的体现，也是买盘资金持续介入且买盘力道强于卖盘抛压的体现，是主力资金建仓的表现，因此这样的个股其随后的中期上升走势是值得期待的，投资者在参与这样的个股时，不仅可以参与它的短期波段操作，一样可以采取中线买入并持股不动的操盘方式。

图2-4为龙元建设（600491）2008年3月25日至2009年3月26日期间走势图，此股在深幅下跌后的低位区出现了连续放量的形态，伴随着连续放量形态而来的股价的走势呈局部剧烈波动、整体逐步上移，这正是主力资金快速介入此股的表现，也预示着此股后期将在主力资金的带动下而出现较好的中

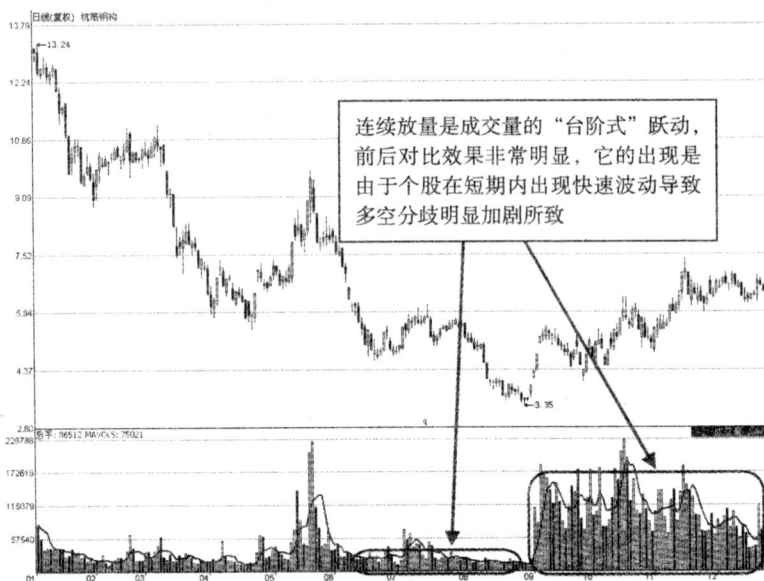

连续放量是成交量的"台阶式"跃动，前后对比效果非常明显，它的出现是由于个股在短期内出现快速波动导致多空分歧明显加剧所致

图2-3　杭萧钢构深幅下跌后连续放量上涨示意图

期上涨走势。此时我们可以选择在此时剧烈震荡走势中的相对低点择机买入。

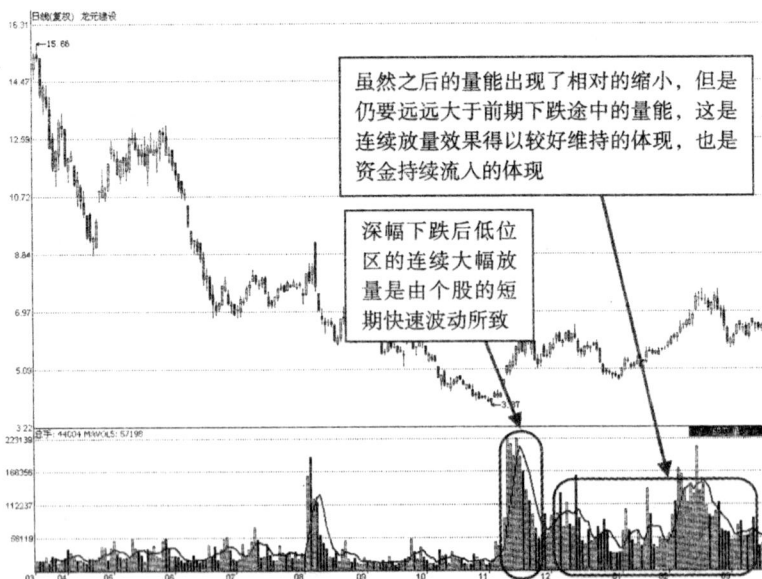

虽然之后的量能出现了相对的缩小，但是仍要远远大于前期下跌途中的量能，这是连续放量效果得以较好维持的体现，也是资金持续流入的体现

深幅下跌后低位区的连续大幅放量是由个股的短期快速波动所致

图2-4　龙元建设深幅下跌后低位区连续大幅放量示意图

图2-5为保税科技（600794）2008年11月6日至2009年8月19日期间走势图，此股在上升途中且个股前期已有不小涨幅的背景之下，出现了成交量

连续大幅放出且股价快速上涨的形态。一般来说，这种相对高位的连续放量上涨形态多是主力对倒拉升手法的表现，而非主力大力建仓所导致的，因此我们可以看到在主力放弃对倒之后，此股的量能也再度恢复如初，价格走势也呈现出滞涨形态，在实盘操作中，当我们遇到这种出现在相对高位区的对倒放量走势时，我们可以等主力对倒行为开始减弱（成交量开始缩小、价格上涨走势停滞）的时候进行卖出，因为一旦主力放弃对倒，就很可能意味着此股中期顶部的出现，此时若仍然以持股待涨的策略进行操盘，我们将面临着主力高位减仓从而促使个股股价下跌的风险，而且由于主力对倒拉升过后，其短期内的做多意愿势必大为降低，个股的同期走势很难强于大盘，因此我们还面临着大盘同期下跌所引发的系统性风险。此时的最好策略就是清仓出局观望或是减掉大部分的仓位。

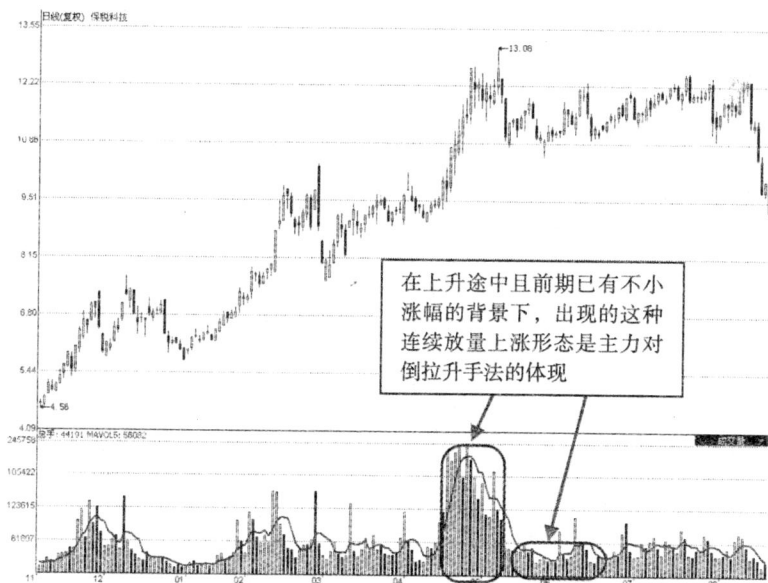

图 2-5 保税科技上升途中连续放量上涨示意图

通过上面的两个例子我们可以看出，识别连续大幅放量是机会还是风险的关键在于这种放量的性质，它是由主力对倒所引发的还是由主力快速大力买入所引发的，两种放量的性质不同，从而也导致了个股后期走势的不同。

图 2-6 为京能热电（600578）2008 年 1 月 9 日至 10 月 22 日期间走势图，此股在脱离顶部区后开始步入下跌通道中，在下跌途中出现了连续大幅放量且价格上涨的走势，此时的连续大幅放量是由主力快速建仓引发的还是由主力对倒拉升所引发的呢？我们可以从两方面来判断：一是个股目前所处的价位，二

是连续放量的效果是否能得以较好的维持住。对于此股目前所处的价位来说，由于它处于刚刚脱离顶部区的位置，个股的整体估值中枢仍然处于历史上的相对高估状态，而且之前的下跌通道已然形成，因此其后期的下跌空间仍然巨大，我们很难想象主力会在这个位置处进行快速的建仓操作，而且此股也没有炙手可热的题材可供炒作，于是这一波上涨时的连续放量更可能是由于主力对倒拉升的手法所致；对于此股的连续放量效果而言，我们可以看到，此股在这一波的连续放量上涨之后，随后其量能很快出现明显缩小，这从另一个角度说明了连续放量并非是市场真实买盘涌入所导致的，它更多地来源于主力的对倒手法，主力对倒时的量能会呈现出明显的放大效果，然而，一旦主力放弃了进行对倒操作，其量能自然而然也会快速缩小。

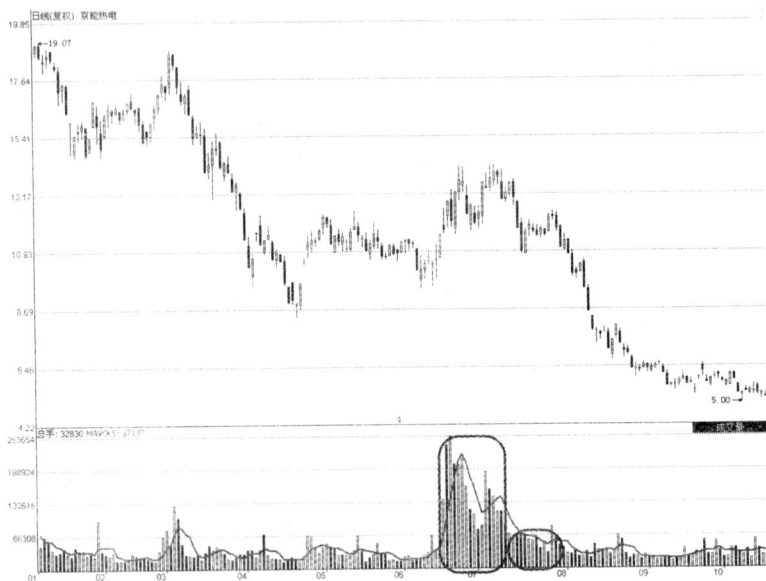

图 2-6　京能热电下跌途中连续放量示意图

　　经过分析，我们可以得出结论：此股的这种出现在下跌初期的连续放量上涨走势是由主力对倒拉升所致，而主力对倒的目的就是希望通过制造此股放量上涨的市场氛围而达到快速出货的目的。

　　图 2-7 为华鲁恒升（600426）2008 年 10 月 13 日至 2009 年 3 月 2 日期间走势图，此股在上升途中出现了连续放量但股价却呈滞涨的走势。在前面的实例讲解中，我们提到过连续放大的量能是市场多空双方力交锋趋于激烈的表现，一般来说会引发价格短期内的快速波动，但此股的股价却没有发生明显的变化，我们如何理解这种状态下的连续放量所蕴涵的市场含义呢？

图 2-7　华鲁恒升上升途中连续放量滞涨示意图

一般来说，这种出现在上涨途中的连续放量滞涨走势多是市场短期抛压沉重的表现，虽然此时的买盘承接力度仍然较大，但是这快速涌入的买盘资金却无法再次推动股价上涨，随后，当买盘资金承接力度减弱时，个股的一波回调走势也就在所难免，这种连续放量滞涨形态出现在大幅上涨后的高位区时，往往是个股中期顶部形成的标志；当它出现在上升途中且累计涨幅不大的背景下时（如本例），也是个股阶段性回调走势即将展开的信号。此股在经历了这种数日的连续放量滞涨走势后，就出现了一波短期快速回调走势，短期回调幅度达 30% 左右。如果我们可以很好地理解这种连续放量滞涨形态所蕴涵的市场含义，就可以很好地规避这一波短期回调所带来的阶段性风险。

第四节　"脉冲型"的放量

"脉冲型"的放量是成交量在单日或两三日内突然出现急剧变大（其量能效果可达到前期平均水平的 4 倍以上）、随后又恢复如初的成交量形态，由于这一量能形态类似于心电图中脉冲式跳动一样，故而称为"脉冲式"放量。脉冲放量形态是成交量在短时间的异动情况，它无法反映出市场的连续状态，多是主力操纵的结果或上市公司重大利好的突然发布以及重大、意外事件的影响。

脉冲放量形态是股市中一种极为常见的放量形态，在脉冲放量形态出现当日，其股价往往也是以上涨居多，这种"放量上涨"形态具有很强的诱惑力，那么，它真是市场买盘数量众多、价格突破上行的信号吗？只有理解脉冲放量背后的原因，我们才能更好地利用这种量能形态把握价格走势。据笔者经验来说，脉冲放量形态或者是由重大消息所引发的，或者是由主力对倒行为所造成的。

首先，若个股或大盘的脉冲放量是由于消息因素所导致，我们来看看这一脉冲放量形态反映了什么样的含义。如果个股所受的消息刺激属于重大利好消息，那么市场会出现明显的惜售情绪，持股者卖出意愿极低，个股多会以相对缩量的涨停板的走势出现在我们面前。此股在这种利好消息的刺激下虽然出现了较大幅度的上涨，但量能的异常放大也说明逢高减仓者众多。那么这些逢高减仓者是主力资金还是散户资金呢？据笔者经验来说，散户在辛辛苦苦拿了一只股票很久后，这只股突然公布利好，多希望股价由此大幅上涨，是不太可能在利好公布后马上加入卖方阵营的，所以这种暴量多是主力出货造成的。退一步来说，即使我们不从主力资金出逃的角度来解释这种量能的异常放大，单凭这种"利好公布、成交量骤增"的形态也可以预见到短期内的市场分歧已明显加大，这种分歧太过白热化且脉冲放量形态的出现也是对买盘力量短期内的过度透支，物极必反，若此时的个股价格正好位于一波上涨时的高点位，则它自然是个股即将下跌的信号。当然，这种"物极必反"究竟是指代了价格的总体趋势反转，还是局部走势的反转，则要结合个股的整体运行情况来做判定了。当个股受利空消息刺激而出现脉冲式放量时，脉冲放量当日的价格多是呈大幅下跌走势的，这是资金杀跌出逃的体现，只要空方抛压没有得到有效的释放，价格走势自然应是一路下跌，此时的脉冲放量当然预示了价格下跌走势的出现。

图 2-8 为海信电器（600060）2009 年 2 月 3 日至 8 月 20 日期间走势图，此股在相对高位区的震荡走势中出现了脉冲放量形态，脉冲放量的出现是源于此股当日所发布的业绩预增报告，这属于利好消息。虽然个股当日处于上涨状态，但当日量能的异常放大也说明市场逢高抛售的意愿较强，考虑到脉冲放量出现时的股价正是盘整走势中的相对高点，因此这预示了个股一波回调走势即将展开。

图 2-9 为绿景地产（000502）2009 年 11 月 3 日至 2010 年 4 月 19 日期间走势图，此股在 2010 年 4 月 1 日开始复牌交易并发布重大利好消息："绿景地产：资产出售及定增不超过 2 亿股购城建天誉 100%股权等：①公司拟向公司第一大股东广州市天誉房地产开发有限公司（以下简称'广州天誉'）出售除

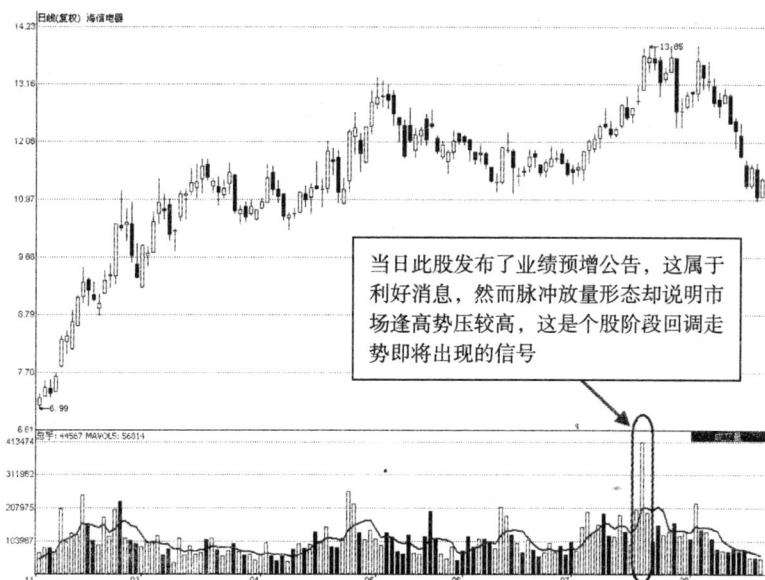

当日此股发布了业绩预增公告，这属于利好消息，然而脉冲放量形态却说明市场逢高势压较高，这是个股阶段回调走势即将出现的信号

图2-8 海信电器利好消息下的脉冲放量示意图

货币资金以外的房地产开发类资产、业务及附着于该等资产、业务或与该等资产、业务有关的一切权利和义务。②本次非公发行股份购买资产的方案概要为：公司拟分别向海航置业控股（集团）有限公司收购其持有的海南海航国际酒店管理有限公司100%股权、向海航酒店控股集团有限公司收购其持有的广

图2-9 绿景地产利好消息下的脉冲放量示意图

州市城建天誉房地产开发有限公司 100% 股权、向酒店控股收购其持有的北京
燕京饭店有限责任公司 45% 股权，公司以分别向海航置业、酒店控股非公开发
行 A 股股票作为收购对价。"

可以说，通过本次资产重组，绿景地产将实现主营业务由房地产到酒店管
理的完全转型，这种重大的资产重组对于上市公司来说是脱胎换骨的转变，因
此属于明显的利好消息，但是此股当日却高开低走，虽然至收盘时依然上涨了
5%，是以多方获胜告终，但是当日所出现的脉冲式放量形态却给我们展示了
此股短期内抛压沉重这一情况，由于此时个股正处于阶段性上涨走势后的高点
位，因此短期内的一波深幅回调的走势也就在所难免。

图 2-10 为赛迪传媒（000504）2009 年 7 月 7 日至 12 月 23 日期间走势
图，此股在 2009 年 12 月 8 日出现了一个低开低走且单日量能急剧放大的单日
脉冲放量形态，当日此股出现这种放量低走是源于此股当日发布的利空消息：
"赛迪传媒中止筹划重大资产重组事宜：赛迪传媒（000504）公司曾于 2009 年
11 月 6 日与江苏华远投资集团有限公司（简称'华远投资'）筹划重大资产重
组事项，鉴于本次重大资产重组事项方案尚不完备，本公司本着对投资者负责
的态度，现中止筹划本次重大资产重组事宜。"这一利空消息下的脉冲放量形
态说明此股短期内的抛压沉重，是个股短期继续下跌的信号。投资者在实盘
操作时，可以在此股回调到具有支撑性位置的点位时再择机买入以赚取波段
利润。

图 2-10　赛迪传媒利空消息下的脉冲放量示意图

　　其次，我们再来看看主力对倒行为下的脉冲放量。有时当个股在没有消息面影响的情况下，突然出现令人莫名其妙的脉冲式放量，随后第二日成交量又恢复到原样。对这种情况，我们唯一能够给出的解释就是：这是主力大量对倒造成的。所谓"对倒"就是主力自买自卖的行为，由于成交量这一数据受到了投资者的普遍关注，因此股价的快速波动并伴以量能的急速放出会让投资者产生一种此股"放量突破"或买盘强劲的直观盘面感觉，基于量能的急速放大、股价的巨幅波动，散户投资者的判断和决策很可能也会出现相应的改变，而这很可能正是主力所需要的。

　　一个主力在介入某只个股后的一段时间内，无非是以建仓、拉升、洗盘、出货为当前的主导因素，如果是建仓，主力为拿到低价筹码要想方设法地隐藏自身踪迹，哪会如此宣扬？如果是拉升，由于这种脉冲式放量效果的不连续性，是很难达到拉升目的的，也不符合逻辑。如果是洗盘，脉冲式放量的前后几日内股价并无多大变动，这是无法洗出短线获利盘的，而且散户有一种"股价放量会涨"的思维方式，一般来说，只有逆向思维的散户才会被洗掉，但由于股市中正向思维的散户毕竟是绝大多数，所以，脉冲式放量并且股价上涨的形态非但无法让散户出局，倒很有可能吸引更多的散户。最后，我们能得出的唯一结论是：主力有出货的意图。但此时我们仍要结合个股的总体运行趋势来分析这一脉冲放量形态是主力总体出货行为的体现，还是阶段性出货行为的体现。此时，我们就要结合价格趋势运行情况来做具体判断了：当脉冲放量形态出现在个股上升途中的一波快速上涨走势后的阶段性高点，此时的脉冲放量多是主力阶段性"高抛"行为所致，在主力"高抛"与散户获利出局的双重带动下，个股往往会在短期内出现一波明显的回调下跌走势，而回调后的低点也正是主力阶段性"低吸"的时机；当脉冲放量形态出现在个股大幅上涨后的高位震荡滞涨区时，多是主力对倒拉升诱多出货手法的体现，这一操盘手法是为了迎合很大一部分投资者所固有的"放量要涨"的思维方式而采取的，通过对倒及对倒当日此股的大幅上升，主力可以营造出一种此股要放量上涨的良好市场氛围，从而吸引散户投资者跟进，而主力的真实意图则是出货。下面我们结合实例，来看看如何利用这种主力对倒制造出来的脉冲放量形态展开实盘操作。

　　图2-11为中润投资（000506）2008年11月27日至2009年4月20日期间走势图，此股在一波快速反弹上涨后的相对高位区出现了一个量能异常放大的单日脉冲形态，这是主力资金逢高减仓出货的体现，也预示着个股这一波反弹上涨走势的结束，如果投资者参与了此股的波段操作，当这种明显的短线卖出信号发出时，就要尽快抛售，以保住短期利润。

　　图2-12为荣安地产（000517）2009年10月13日至2010年2月3日期

图 2-11　中润投资一波快速反弹走势中的脉冲放量示意图

间走势图，此股在震荡走势中的相对高点位出现了一个明显的单日脉冲放量形态，脉冲放量形态多是个股短期内即将下跌的信号，而此时的个股价格又正处于震荡走势中的相对高点位，因此在两者的共振作用下，短期内的一波下跌回调走势也就在所难免。投资者在实盘操作时，切不可将这种脉冲放量形态误认

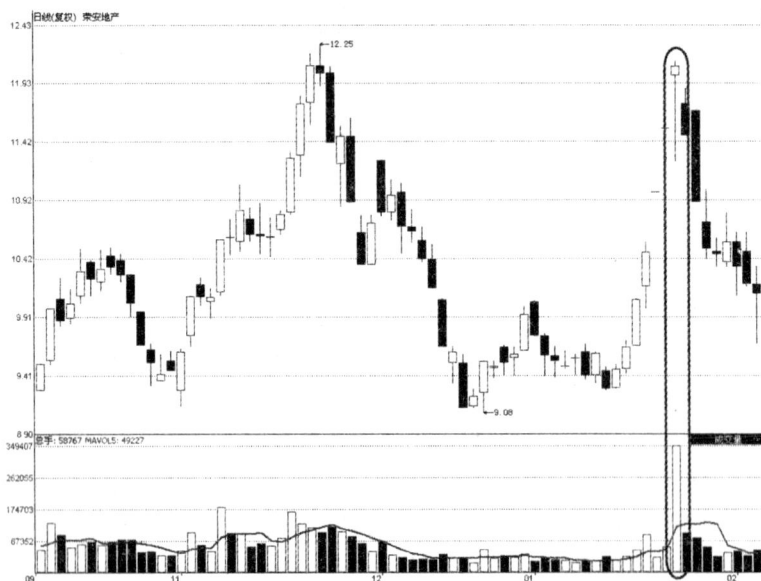

图 2-12　荣安地产震荡走势中相对高点的脉冲放量示意图

为是个股放量突破的信号，否则将会面临坐"过山车"的尴尬局面。

图 2-13 为抚顺特钢（600399）2008 年 4 月 23 日至 9 月 16 日期间走势图，此股在下跌途中的一波反弹走势中出现了脉冲放量形态，这两日的成交量放大形态出现得过于突兀和急促，说明它并非源于不断介入的买盘资金的推动，而是主力对倒放量的结果，而主力对倒的目的就是利用急速放大的量能来吸引追涨者介入，主力则借机减仓。

图 2-13　抚顺特钢下跌途中反弹走势中脉冲放量示意图

第五节　"递增型"的放量

"递增型"的放量也是一种较为典型的放量形态，它是指成交量在某一段时间内（既可以是短短的数个交易日，也可以是跨度较长的数个月）的量能形态呈现出一种逐级放大的形态，成交量有一个明显的递增效果。依据时间跨度的不同，递增放量形态以两种方式体现出来，一种是以整体上的量能递增形态表现出来，如我们常说的"量价齐升"形态，此时的递增放量形态是我们研判上升趋势持续力度、趋势后期如何运行的重要依据；另一种是以局部成交量递增形态表现出来，一般是指短短几日内，每个交易日的成交量都相比前一交易日出现了放大，几日的成交量出现逐级递增的态势，当然，这种递增并非严格的后一交易日的成交量一定要大于前一交易日的成交量，而是指成交量形态在这数个交易日呈现出一种逐级递增的变化方式，有一个连续递增放大的过程，体现在 5 日均量线上就是 5 日均量线呈明显的上扬形态。在实盘操作中，我们所说的递增放量形态一般指代的是时间跨度较小的"数个交易日的递增放量形态"，下面我们就来理解一下递增放量形态反映了什么样的市场含义。

短期内的递增放量形态多会催生股价的急速上涨，成交量递增的过程就是一个市场情绪（即大众情绪）被持续激发的过程，可以说它是一个买盘加速涌入的过程，但交易是双向的，有买就有卖，递增放大的成交量形态也同时说明卖盘正在加速涌出。而且伴随递增放量而来的股价走势多是急速向上，这就使得市场短期内的获利抛压急速上升，持续递增的量能形态在短期内是对买盘资源的过度消耗，当量能无法再有效递增放大下去的时候，也就是买盘力道开始减弱的时候，在面临着短期大量的获利盘抛压下，个股的走势也自然就到了阶段性的顶部区，一般来讲，出现这种成交量递增的情况后，我们只要留意其后成交量是否能继续再放大就可以对以后价格的走势明了了。

我们可以把股票市场比做水池，我们假设池外的水源是有限的，水池有一个进水口和一个出水口，当进水口的流量突然增多，而出水口流量变化不大时，必然导致池水升高的情况，但池外的水量是有限的，先前突然增多的池水，也往往会导致后期池水供应减少，这时我们要思考的是池外是否仍然还拥有足够的水源用以维持不断上涨的池水？当池外水源不断枯竭时，水池的水位还能保持在高位吗？同样，对于个股所出现的递增放量上涨走势来说，由于场外买盘资金的数量有限，当买盘持续加速流入个股中时，个股也就顺理成章地完成了一波急速上涨，但这也必然会导致随后买盘的匮乏，在随后买盘匮乏的情况下，在没有更为强大的买盘资金来抵挡个股阶段性上涨所产生的大量获利抛压的情况下，取而代之的就是一波或深或浅的下跌走势的出现。

图 2-14 为中原高速（600020）2008 年 11 月 5 日至 2009 年 3 月 3 日期间走势图，此股在上升途中的一波快速上涨走势中出现了明显的递增放量形态，这种成交量在短短数日内呈递增放大的形态，是买盘资金加速涌入的标志，当量能无法再继续递增放大下去的时候，说明买盘力道已开始减弱，是个股短期顶部出现的标志，可以说，递增放量形态下的量能顶点往往也是个股阶段性的顶点。在实盘操作中，当个股出现这种递增放量形态时，我们应密切关注它的持续放量效果，当量能无法再递增放大下去的时候，我们就应短线抛出，以保住到手的短期利润。

图 2-14 为中原高速（600020）2009 年 7 月 2 日至 12 月 23 日期间走势图，此股在此期间的一波快速上涨走势中再次出现了递增放量形态，从图中可

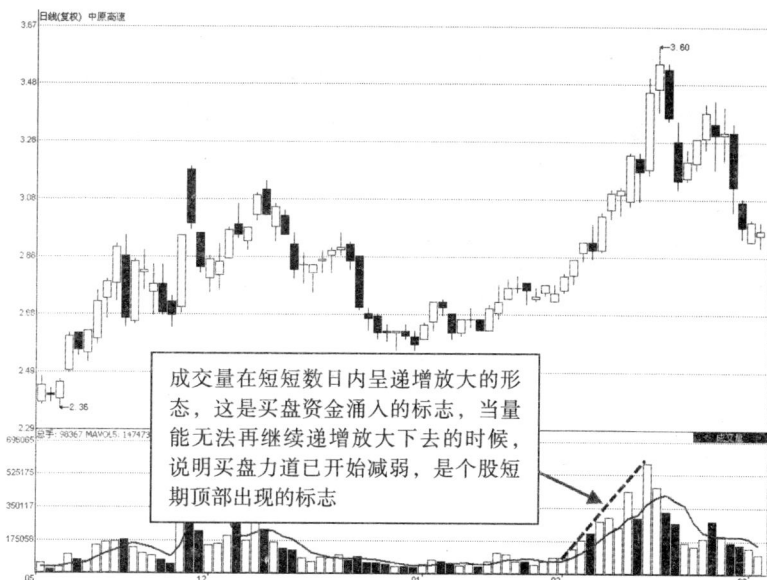

成交量在短短数日内呈递增放大的形态，这是买盘资金涌入的标志，当量能无法再继续递增放大下去的时候，说明买盘力道已开始减弱，是个股短期顶部出现的标志

图 2-14　中原高速局部递增放量上涨示意图

以看到，递增放量形态下的量能顶点也是此股一波快速上涨后的阶段性顶点。在实盘操作中，当量能无法再递增放大下去的时候，我们就应进行短线抛出操作。

图 2-15　中原高速局部递增放量上涨示意图

第六节　缩　量

　　放量与缩量是两种最为基本的量能变化形态，放大的成交量会加速现有价格趋势的发展速度，与此相应的是缩小成交量，缩量是指市场整体或个股在近期一段时间内的成交量相对于前一段时间的成交量出现了缩小。通常来讲，成交量缩小是市场交投清淡的结果，它带来的是盘整或对原有趋势的修正，如果原有的趋势已经确立，缩小的成交量是很难改变原有价格趋势的。

　　在分析缩量形态的时候，我们一定要结合价格的整体运行趋势来分析缩量的性质，出现在上升途中回调走势中的局部缩量形态与出现在下跌途中的整体性缩量形态是具有完全不同的市场含义的。

一、上升途中回调或盘整走势中的缩量

　　个股在上升途中所出现的缩量形态，既有可能是正常的"价升量增，价跌量缩"这种健康的量价关系的反映，也有可能是主力资金锁仓的信号。此时，我们要从放量与缩量的对比效果来着手分析缩量所蕴涵的市场含义。一般来说，当个股在相对低位区出现了一波明显的放量上涨走势后，若在随后的回调走势或是盘整走势中，出现了过于明显的缩量形态，这往往是主力利用上涨时的放量来进行大规模的建仓操作，而在随后的回调走势中又积极锁仓所产生的效果，此时的缩量回调或盘整走势虽然也是一个消化市场获利抛压的过程，但它却更多地反映出了主力控盘的信息。

　　图 2-16 为深长城（000042）2008 年 10 月 10 日至 2009 年 3 月 3 日期间走势图，此股在一波上涨走势后出现了明显的缩量形态，上涨时的放量与随后回调盘整中的缩量其对比效果极为鲜明，两者相差过大，这是主力快速建仓后又极力锁仓的表现，也是我们发现主力控盘的关键所在。

　　此外，个股的缩量形态也很有可能出现在上升行情的初期，这时的缩量形态体现为上涨时的量能要明显小于底部震荡区的量能，这时的缩量上涨所蕴涵的市场含义往往是主力在前期的底部区进行了大量的吸筹操作，使得个股的市场浮筹大幅减少，由于主力控盘能力的增强，并在上涨途中积极锁仓，只需不大的量能就可以推动股价上升，这意味着此股后期在主力的运作下仍将有不错的表现。此时，投资者千万不能抱守"无量就无行情"的传统量价理论不放，而应结合我国股市中主力的特点，在结合价格的总体走势的基础之上来理解这种缩量上涨形态。

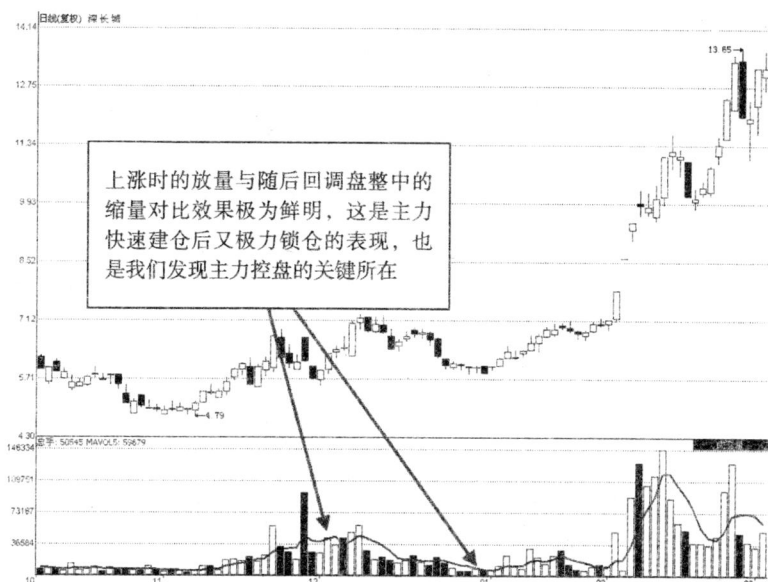

上涨时的放量与随后回调盘整中的缩量对比效果极为鲜明，这是主力快速建仓后又极力锁仓的表现，也是我们发现主力控盘的关键所在

图 2-16　深长城主力建仓后的缩量回调走势示意图

二、大幅上涨后的量价背离形态

放量与缩量都是一种相对而言的量能形态，它是一种相互对比的产物，有其特定的参照物。在平常的讨论中，我们所说的放量或缩量形态的对比参照物就是此股前一段时间的量能。此外，我们还可以将个股在相隔一段时间的两波上涨时的量能进行对比，如果第二波上涨时的量能相对于前一波上涨走势中的量能出现了缩小，我们依然可以将其称为缩量，如果第二波上涨让个股的股价创出了新高，而这一波上涨时的量能又小于前一波上涨走势，这种形态我们将其称为上升走势中的"量价背离"形态（即价格走势虽然创出了新高，但这一波创新高时的量能却明显小于前期主升浪时的量能）。当这种量价背离形态出现在个股前期已有累计较大涨幅的背景下时，是市场买盘枯竭的信号，预示了上升趋势即将发生反转。

图 2-17 为上证指数 2006 年 11 月 15 日至 2007 年 10 月 31 日期间走势图，上证指数在前期的上升走势中，随着指数的不断创出新高，其量能也不断放大，两者呈现出同步运行态势，这是买盘充足的表现，也是上升趋势仍将继续的信号，但是在随后的一波上涨中，指数创出了新高，但是量能明显小于前期主升浪，这种量价背离形态预示着市场顶部即将出现。

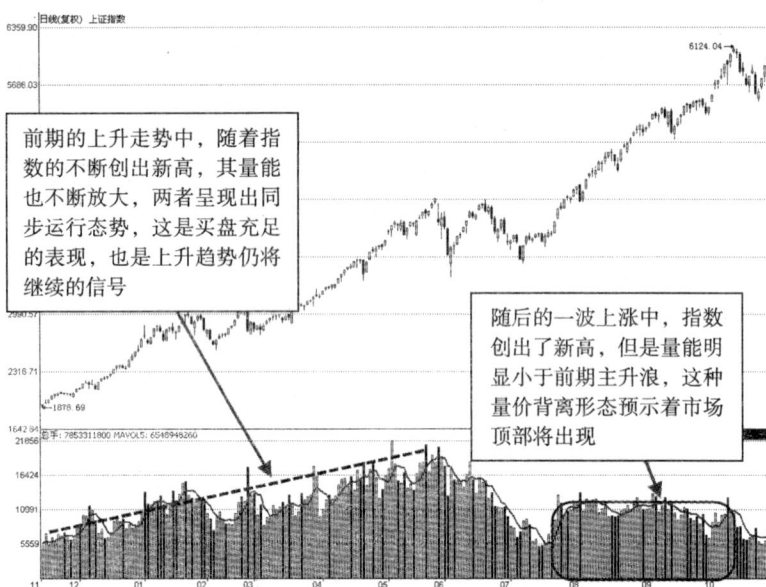

前期的上升走势中，随着指数的不断创出新高，其量能也不断放大，两者呈现出同步运行态势，这是买盘充足的表现，也是上升趋势仍将继续的信号

随后的一波上涨中，指数创出了新高，但是量能明显小于前期主升浪，这种量价背离形态预示着市场顶部将出现

图 2-17　上证指数大幅上涨后的量价背离示意图

三、顶部区的整体性缩量

如果我们查看那些经历了大幅上涨后于高位区持续震荡运行的个股，就会发现这些个股在此期间运行往往呈现出明显的缩量形态，这就是所谓的顶部缩量。一般来说，顶部区出现缩量往往出现在最后一浪上涨的"量价背离"形态之后，在大盘或个股上涨幅度巨大的情况下，愿意追涨买进的投资者越来越少，成交量萎缩预示着买方已经入场完毕，这就导致了市场或个股的交投情况十分清淡，那些还敢于加入股市的人只是少数短线投机客，还有一少部分对股市了解较少的投资者，这时参与市场交投的大众已经很难能再一次聚集而促使股价上升了。没有大卖盘涌出，也说明了市场在高位处于焦灼状态，因此也就出现了顶部区的缩量形态。

四、下跌途中的持续性缩量

价格走势的基本规律就是"放量上涨，缩量下跌"，这种形态可以出现在上升途中的一波上涨与回调的局部走势中，也可以出现在下跌途中的一波反弹与再度下跌的局部走势中。我们可以从投资者的心理层面来解释，大多数投资者在价格的上涨过程中往往会出现担心利润消失的不安情绪，所以多会在获利达 10%~30% 时就急于出手卖掉，因此筹码在上涨过程中必须要不断地换手才能推升股价上涨；但是在下跌时却正好相反，当投资者看到前期出现的高点时，总是希望股价反弹些再卖掉，以免卖在了一波下跌走势中的最低点，但由于买盘在下跌趋势中介入意愿较低、市场投资者多处于观望状态，因此只要少量的抛盘就可以促使股价重心下移。股价越是下跌，投资者的卖出行为就越是犹豫不决，只有当个股的下跌走势开始呈现加速下行，从而引发大量投资者出现恐慌心态的时候，才有可能出现大量卖盘集中涌出的情形，这是下跌途中的一次快速换手。经过这一次的快速换手之后，个股的走势可能会出现短暂的反弹或是盘整走势，随后就会再次步入下跌途中。可以说，下跌途中的整体性缩量形态是持股者犹豫不决的卖出行为及买盘入场意愿极低这两个因素共同造成的。我们可以把下跌途中的缩量看作是下跌趋势仍将继续的信号。而且，下跌途中的缩量同时也说明了没有主力资金介入建仓，而没有主力资金大力建仓个股是很难走出反转形态的。但是在下跌走势的末期，成交量萎缩，股价在一个箱体里持续震荡，这往往是行情已见底的信号，这时若出现经济好转、政策利好等因素的刺激，则股价有可能出现一次较为强劲的反弹。

　　图 2-18 为泛海建设（000046）2006 年 8 月至 2008 年 4 月期间走势图，此股在顶部区的量能与下跌途中的量能都要远远小于前期上升趋势中的量能，这就是典型的顶部缩量与下跌趋势缩量形态，出现在这两个阶段下的缩量形态是买盘枯竭的信号，也是个股无力再度维持上升走势的信号。一只个股在经历了大幅上涨来到高位区后，它所可能出现的情况只有两种，一是在大量买盘资

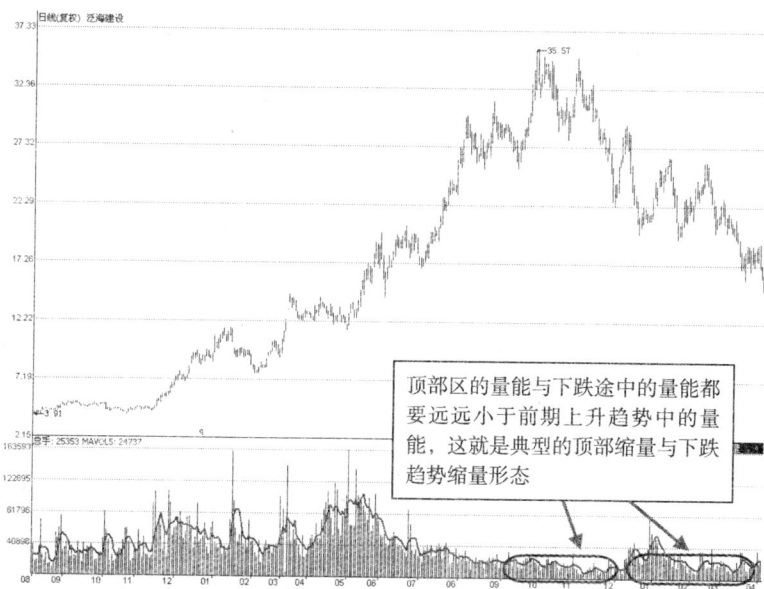

顶部区的量能与下跌途中的量能都要远远小于前期上升趋势中的量能，这就是典型的顶部缩量与下跌趋势缩量形态

图 2-18　泛海建设顶部区与下跌途中缩量示意图

金的推动下继续强势上涨，二是在卖盘的持续抛售、买盘无力介入的情况下，开始由升势转为跌势。而顶部区的缩量形态就是第二种市场含义的直接体现。投资者在实盘操作时，一定要注意这种顶部区的缩量形态，因为它是我们中长线离场的明确信号。

第三章　指标操盘术——技术指标解读技术

技术指标分析方法是一种较为独特的技术类分析方法，对于大多数的技术指标来说，它们的直观反映形态似乎既不是基于价格要素，也不是基于量能要素，其实，这仅仅是指标的直观表现形式让投资者所产生的错觉。既然指标分析隶属于技术类分析，那么它一定就是以市场交易行为本身作为出发点的，而市场交易行为本身只能是以价格走势、成交数量等交投数据表现出来的，看似与价格走势、成交数量等交投数据不相关的技术指标形态，其实就是它们的抽象反映形式。技术指标将这些市场交投数据以简单、抽象化的方式呈现在投资者面前，所指示出来的买点与卖点一目了然，是一种直接指导投资者开展买卖交易的分析工具。那么，究竟什么是技术指标呢？它又是如何反映市场的多空信息呢？我们又要如何利用不同的技术指标来展开实盘操作呢？本章中，我们将结合股市中最为实用的各种技术指标进行详细的讲解。

第一节　识别指标类型

技术指标分析法其实就是一种以数学模型的方式来反映市场运行特征的分析方法，它主要以价格（如开盘价、收盘价、最高价、最低价）和成交量等交投数据作为数学模型的"输入参数"，通过数学模型所蕴涵的计算过程来处理这些交投数据，从而可以通过计算得出一个体现股票市场的某个方面特征的量化数值，这个数值称为指标值，通过将各个交易日的指标值连接起来就构成了指标线，借用指标值的变化及指标线的形态，我们就可以很好地把握市场多空双方的力量转变情况。

基于各个指标所反映的市场特征的不同，我们可以把五花八门的技术指标分门归类，一般来说，我们可以将其分为以下几个种类：趋势类指标、能量类指标、成交量类指标、摆动类指标、大盘类指标、统计类指标、分时指标以及其他的一些相关专业指标等。下面我们就来逐一看看这些不同种类的指标究竟反映了市场运行中的哪方面特征。

一、大盘类指标

大盘类指标是指那些专用于判断大盘的走势的指标，这一指标的目标对象是股市全体，即市场整体运行状况。我们这里所说的大盘类指标是指专门为大盘量身定制的，这些指标只能用于研判大盘的走势，不能应用于个股身上，这一点也是投资者应格外注意的，此外，投资者还应注意的是对于绝大多数的指标来说，都是既可以适用于个股研判，也可以适用于大盘研判的，在称呼上，我们是不将这些指标称为大盘类指标的。大盘指标主要包括：A/D 上涨家数对比、ADR 涨跌比率、ADL 腾落指数、ABI 绝对广量指标、MCL 麦克连指标、ARMS 阿姆氏指标、MSI 麦氏综合指标、OBOS 超买超卖指标、STIX 指数平滑广量交易指标等。在实际运用中，我们可以主要关注涨跌比率 ADR、广量冲力指标 BTI 这两个指标。例如，对于 ADR 这个指标来说，它是实时反映股票市场中上涨家数和下跌家数的比值，通过 ADR 指标，我们就可以大致推断出市场上多空力量之间的变化，进而判断市场上的实际情况。

二、分时指标

分时指标是专门用于反映个股盘中运行情况的一类指标，这一类指标也是我们在盘中实时看盘所应重点关注的对象，因为它们是我们于盘中进行买卖操作时的重要依据，这一类的指标大多是投资者经常用到的，这一类的指标主要包括：成交笔数、成交单数、均价线、累计大单、累计撤单、买卖总量、委比、量比曲线等。

三、统计类指标

统计类指标是用于统计个股在某一时间段内（一般来说，这一时间段指代多个交易日）成交情况的指标，通过这一类的指标，我们可以了解到个股在这一段时间内的走势强弱如何、交投是否活跃等方面的信息，这一类的指标主要包括平均每笔成交量、阶段总成交量、阶段换手率、阶段涨幅等。

四、趋势类指标

在市场中我们常可以看到这种价格沿一个主方向持续运行的情况，这就是所谓的"趋势"，趋势是价格运行的客观规律，它持续时间长、持续力度大，一旦基本趋势的方向确立，价格就会沿这一趋势向持续运行，直到趋势遇到外来因素破坏而改变为止。正确地识别趋势、预测趋势的转变，是我们开展成功交易的重要前提条件，为了能够准确地反映市场或个股的运行趋势，趋势类指标也就应运而生了，我们把那些反映市场或个股大趋势运行状态的指标称为趋势类指标。趋势类指标是以均线为基础，根据目前趋势所处的阶段（上升阶段、平台阶段、下降阶段）及当前价格处于趋势线的不同位置来做出买卖指导。趋势形成及延续具有一个较长的时间跨度且不易受人为控制，因此可以说反应趋势运行的趋势类指标具有明显的稳定性，是中长线投资者研判趋势状态、作出买卖决策的理想工具。趋势类指标主要包括移动平均线（MA）、指数异动平滑平均线（MACD）、动量指标（MTM）、趋向指标（DMI）、宝塔线（TWRF）、瀑布线（PBX）等。

五、能量类指标

虽然个股的走向直接反映在个股的价格波动中，但是促使股价波动的内因却是买卖盘的强弱力度，当市场买盘力量大于卖盘力量时，在相应的时间段内，其股价将会呈现出上涨走势；反之，当市场卖盘力量大于买盘力量时，在相应的时间段内，其股价将会呈现出下跌走势。能量类指标通过某种方法来研判市场买盘与卖盘的力度大小、市场做多能量或做空能量的情况，以此作为着手点来预示价格的走势。能量类指标主要包括人气意愿指标（ARBR）、中间意愿指标（CR）、容量比率指标（VR）、心理线（PSY）等。

六、成交量类指标

"没有成交量的发生，市场价格就不可能变动，也就无股价趋势可言，成交量的增加或萎缩都表现出一定的股价趋势"，可以说，成交量是股市技术分析中的重中之重，谁能深刻地领悟到"量在价先"的原理，谁就将使自己处于主动地位。成交量类指标基于这一思想，是一类以研判"成交量"的变化形态为核心的技术指标。但是，由于成交量类指标并不是以价格作为指标的直接参数，所以在使用成交量类指标时一般要结合价格走势来进行综合分析。成交量类指标主要包括：成交量（VOL）、均量线（MAVOL）、量指数异同平滑平均线（VMACD）、量相对强弱指标（VRSI）等。

七、摆动类指标

摆动类指标基于统计学理论，统计学中认为事物在短期的变化过程中，总有向"平衡位置"靠拢的倾向，基于这一观点，摆动类指标以"平衡位置"为核心，根据某一段时间内的价格波动区间及某一时间点处于这一价格波动区间的位置情况来作出买卖判断，其设计原理大都较为复杂。在股市中所谓的"平衡位置"的含义是指个股的价格，当个股处于持续上涨状态时，这一"平衡位置"会随着上涨趋势的行进而出现上移，同理，当个股处于持续下跌状态时，这一"平衡位置"也会随着下跌趋势的行进而出现下移。因此可以说，摆动类指标属于短线指标，用于反映个股在短时间内的波动情况，是我们进行短线买卖的工具。当股市处于震荡市中，在反应价格的波动上更为灵敏，往往能够提前反映出价格波动的相对高点和相对低点，是一种很理想的短线指标；但是在个股持续上涨的走势中或是持续下跌的走势中，由于个股很少出现横盘震荡走势，因此摆动类指标往往会出现钝化，不能如实地反映价格的真实走势。摆动类指标主要包括：随机摆动指标 KDJ、乖离率（BIAS）、相对强弱指标（RSI）等。

　　各类的技术指标以量化的方式准确地反映了市场某部分的实际运行情况，而且每一类的技术指标都有其理论基础，例如趋势类指标以道氏理论中的"趋势"运行规律为核心、摆动类指标以统计学理论中的"平衡位置"为核心，可以说，它们绝不是无源之水。在实盘操作中，我们可以对其进行调度使用，但是有一点我们却是应格外注意的，因为某个指标只能反映出局部的市场状态，所以要想在期市中对市场的总体及当前操作期货品种有一个全面的把握，就不能局限于单纯的某一个指标或某一类指标，而是要根据具体的实际情况灵活多变地综合运作这些指标。

第二节　ADR（涨跌比率）

　　涨跌比率指标 ADR（Advance Decline Ratio）又叫上升下降比指标、腾落指数，它是一种专门用于研究股票市场价格指数走势的中长期技术分析工具。ADR 指标的计算方法很简单，ADR =（相应时间段内的此上涨股票家数）÷（相应时间段内的此下跌股票家数），其计算时所选取的时间周期一般设定为 10 日，当 ADR 数值大于 1 时，表示在包括当前交易日在内的前十日内的上涨股票数量大于下跌股票数量，反之，当 ADR 数值小于 1 时，则表示在包括当前交易日在内的前十日内的下跌股票数量大于上涨股票数量。

一、利用 ADR 分析股市强弱运行情况

　　ADR 指标是一个判断当前市场是处于强势运行状态中、还是弱势状态中的一个重要指标。当市场处于持续的强势运行状态下时，此时股市中的绝大多数个股都会更多地处于上涨状态下，因此 ADR 的数值一般都高于 1；反之，

当市场处于持续的弱势运行状态下时，此时股市中的绝大多数个股都会更多地处于下跌状态下，ADR 的数值一般都低于 1。ADR 指线是长期运行于数值 1 上方，还是运行于数值 1 下方，我们可以利用识 ADR 的运行形态很好地识别出市场运行的强弱状态。

图 3-1 为上证指数 2006 年 11 月 14 日至 2007 年 10 月 30 日期间走势图，图中用虚线标示出了 ADR 指标窗口中数值为 1 的位置，大盘在此期间处于上升趋势中，上升趋势是一个多方总体实力明显强于空方总体实力的阶段，这体现在股市中全体个股的涨跌情况中就是在大多数时间内，股市中上涨股票的数量要多于同期下跌的股票数量，而这种涨跌对比情况就恰好完整地体现在涨跌比率 ADR 指标的运行形态上。从图 3-1 中可以看到，在绝大部分时间内 ADR 指标线均运行于数值 1 的上方，这既是市场处于强势运行状态下的体现，也是上升趋势得以良好持续下去的预示。

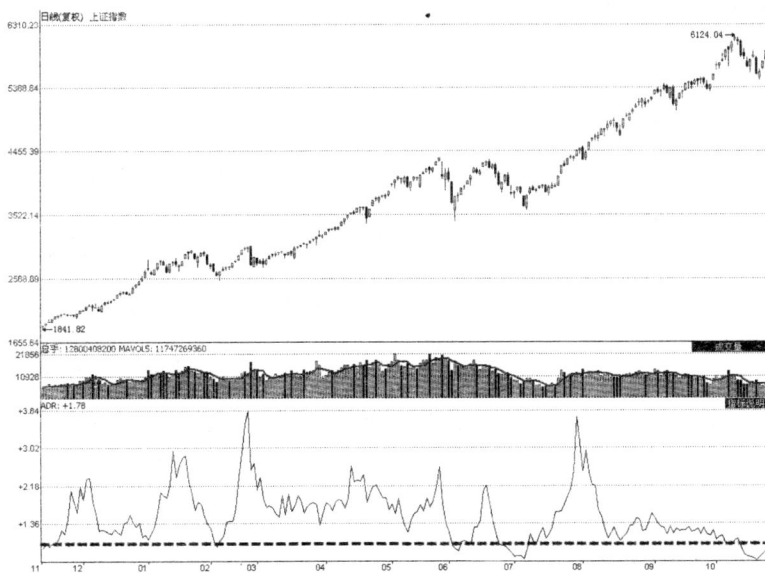

图 3-1　上证指数上升趋势中 ADR 指标运行示意图

ADR 指标不仅可以反映股市运行的强弱状态，它还可以对趋势出现的反转提前发出预警。上升趋势是一个多数股票处于强势上涨走势的市场，若股市在经历了持续的大幅度上涨后，出现指数仍然持续上涨，但 ADR 指标线却明显附着于数值 1，而无法坚挺地运行于数值 1 上方时，这多说明股市的上涨已绝非是源于大多数股票上涨的推动，而是由少数权重股的带动所致，这种形态预示着股市的上升趋势即将结束，是股市即将见顶的信号；反之，若股市在经历了持续的大幅度下跌后，出现指数仍然持续下跌，但 ADR 指标线却明显附着于数值 1，而不是持续地被压制在数值 1 下方时，这多说明股市的下跌已绝非是源于大多数股票下跌的推动，这是股市即将见底的信号。

图 3-2 为上证指数 2007 年 3 月 13 日至 2007 年 10 月 29 日期间走势图，股市处于持续上涨后的高位区走势中，虽然指数仍在不断上涨，但是同期的 ADR 指标线却明显滑落且开始附着于数值 1 附近，这多说明股市的上涨已绝非是源于大多数股票上涨的推动，而是源于少数权重股的带动所致，这种形态预示着股市的上升趋势即将结束，是股市即将见顶的信号。

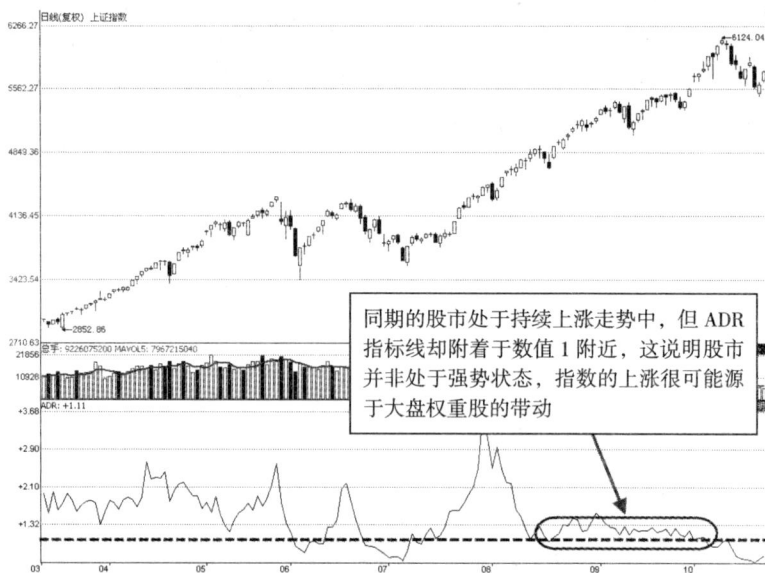

图 3-2　ADR 指标预示股市见顶示意图

二、利用 ADR 分析股市短期超买超卖情况

涨跌比率 ADR 除了可以用于分析股市的总体运行趋势情况外，还可以用于分析股市的短期波动情况。我们可以把股市的上涨或下跌看作是多空双方交锋的结果。有的时候市场买卖气氛活跃，在快速涌入的场外资金推动下，股市在短期内会处于超买状态；有的时候市场空头气氛弥漫，在快速抛出的卖盘打压下，股市在短期内会处于超卖状态。ADR 指标的另一个作用就是可以从一个侧面反映出整个股票市场是否涨跌过度、超买超卖现象严重，从而帮助投资者进行比较理性的投资操作。

在实盘操作中，我们应如何利用 ADR 指标来分析股市的短期超买超卖情况呢？其实，股市中的短期超买超卖就是自然界中"物极必反"原理的体现。当某一方的力量在短期内释放过度时，势必会造成这一方的力量出现阶段性的不足，从而为另一方发起攻击提供了机会。这体现在 ADR 指标上就是：当 ADR 指标突然出现大幅度飙升且同期的股市也处于快速上涨状态时，这是多方力量快速消耗的体现，此时我们就要留意股市随后可能出现的阶段性下跌走势；反之，当 ADR 指标突然出现大幅度下降且同期的股市也处于快速下跌状态时，这是空方力量快速释放的体现，此时我们就要留意股市随后可能出现的阶段性上涨走势。

值得注意的是，在 ADR 指标线出现这种快速攀升或下降的形态时，我们还要结合股市的前期走势来综合分析，例如，当股市处于上升途中突破盘整区的走势时，若这时出现 ADR 指标线快速攀升的形态，此时我们不宜盲目做空，因为这是多方力量再度发起攻击的信号，也是股市突破盘整区再度上行的信号；反之，当股市处于下跌途中跌破盘整区的走势时，若这时出现 ADR 指标线快速下降的形态，此时我们不宜盲目做多，因为这是空方力量再度发起攻击的信号，也是股市突破盘整区再度步入跌途的信号。下面我们结合实例来看看如何利用 ADR 指标线的快速跃动形态把握股市短期波动情况。

图 3-3 为上证指数 2007 年 2 月 28 日至 9 月 7 日期间走势图，大盘在上升途中出现了一段较长时间的盘整走势，这一波的盘整走势是否是股市见顶的信号呢？大盘随后突破盘整区向上运行时出现了 ADR 指标快速攀升形态，我们

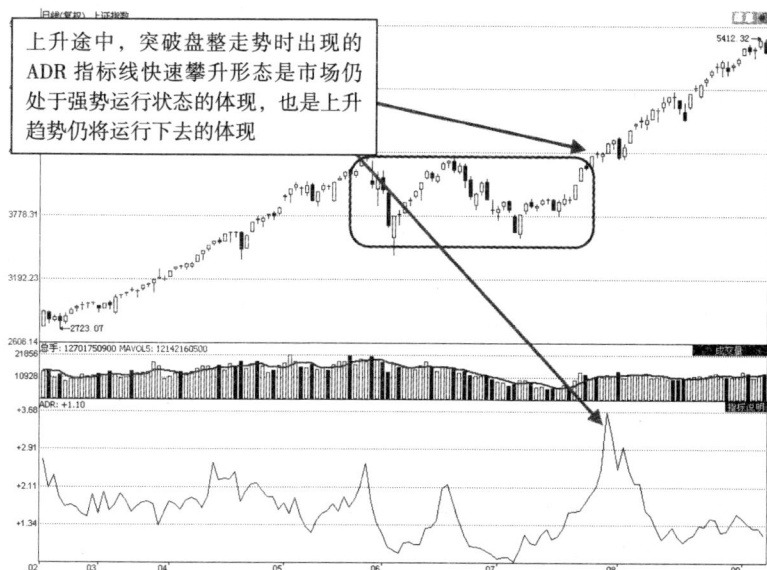

图 3-3　上证指数 2007 年 2 月 28 日至 9 月 7 日走势图

可以发现股市仍然处于较强的市况之下，大盘之所以能突破盘整区继续上行，这是因为绝大多数个股的上涨推动所致，这种市况下的突破上行走势是较为坚固的，也是上升趋势仍将持续下去的明确信号。

图 3-4 为上证指数 2008 年 9 月 4 日至 2010 年 3 月 3 日期间走势图，股市在经历了深幅下跌走势之后，于低位区开始出现震荡盘升的走势，在股市的震荡过程中，ADR 指标线不仅开始坚挺有力地运行于数值 1 的上方，且还经常出现快速攀升形态。考虑到股市前期的巨大跌幅及当前所出现的止跌企稳走势，再结合 ADR 指标线这一阶段的运行形态，我们完全有理由认为市场已由前期的弱势开始逐步转强，是跌势转升势的明确信号，这是深幅下跌后 ADR 指标线对于趋势反转所发出的明确信号。除此之外，由于股市在这一阶段仍处于多空双方胶着混战的过程，多方或空方并没有哪一方处于绝对的主导地位，因此我们还可以利用 ADR 指标线所反映出来的短期超买超卖情况来把握股市的短期波动节奏。如图 3-4 中的箭头标注所示，当股市在短期内出现一波快速上涨走势后，若同期的 ADR 指标线也出现了快速攀升的形态，这往往说明股市在短期内处于超买状态，是其一波回调走势即将展开的信号，这一波上涨走势的力度越大、涨势越快，则其短期内的超买情况也越严重，从而导致其随后的回调的幅度也会越大。

图 3-4　大盘震荡走势中 ADR 指标短期超买状态示意图

第三节 BTI（广量冲力指标）

分析师们相信股市存在着"相对力量"，这就如同物理学中的动量一般，动量是物理学中存在的一种相对力量，当两个物体相互碰撞时，它们之间的碰撞情况往往决定了受力物体在碰撞后能运行多远；同样，在股市中，也存在着这种相对力量，对于这种相对力量我们可以将其称之为"冲力"。当大行情将出现时，往往会体现在之前的强劲"冲力"之上，因此要判断市场是否将产生大多头行情，起涨点的强势与否至关重要。广量冲力指标 BTI（The Breadth Thrust Index）正是基于这一思想，由 Dr MartinZweig 所创，它是一种市场动量指标，属于超买超卖类型。它最主要的作用是用于侦测市场是否即将展开大多头行情，是一种专门用于分析大盘走势的大盘类指标。

广量冲力指标中用"上涨家数/（上涨家数 + 下跌家数）"来表示股市中的这种"动量"或者说"冲力"，BTI = 上涨家数 ÷（上涨家数 + 下跌家数），下面我们结合实例来看看如何利用 BTI 指标分析股市的运行状况。

图 3-5 为上证指数 2006 年 9 月 6 日至 2007 年 6 月 18 日期间走势图，在指数持续攀升的途中，出现了 BTI 指标线也同步震荡上扬的形态，这说明市场"冲力"十足，这种"冲力"一旦形成，个股后期的惯性上涨幅度往往也是较

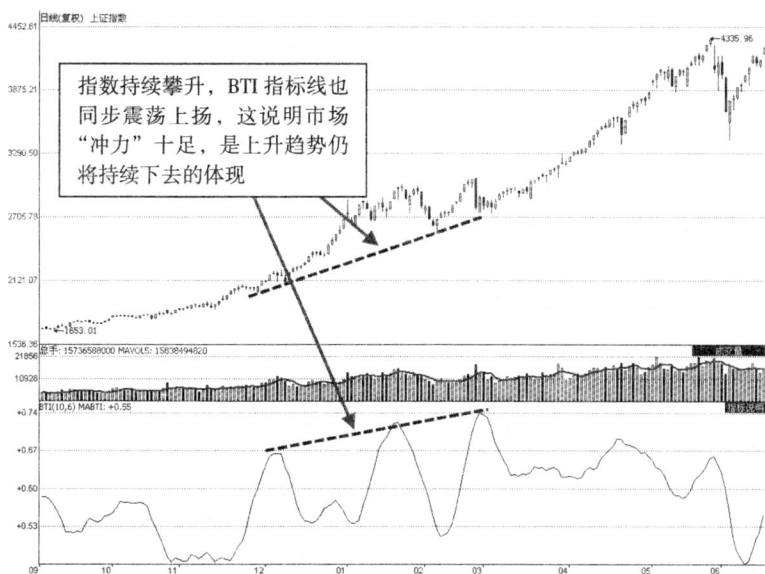

图 3-5 BTI 指标预示上升趋势仍将持续示意图

大的，是上升趋势仍将持续下去的体现。此时投资者不必恐高，可以耐心持股，直至趋势发出明确的反转信号为止。

图 3-6 为上证指数 2007 年 2 月 9 日至 11 月 16 日期间走势图，股市在上升途中的一波宽幅震荡过程中（2007 年 6 月）出现了 BTI 指标线持续下滑的形态，这是上升"冲力"快速减弱的标志，也是股市上涨劲道不足的体现，随后在股市的继续上涨走势中我们可以看到，BTI 指标线持续下滑，指数的走势与 BTI 指标的运行形态出现了明显的背离关系，这是股市即将见顶的信号。

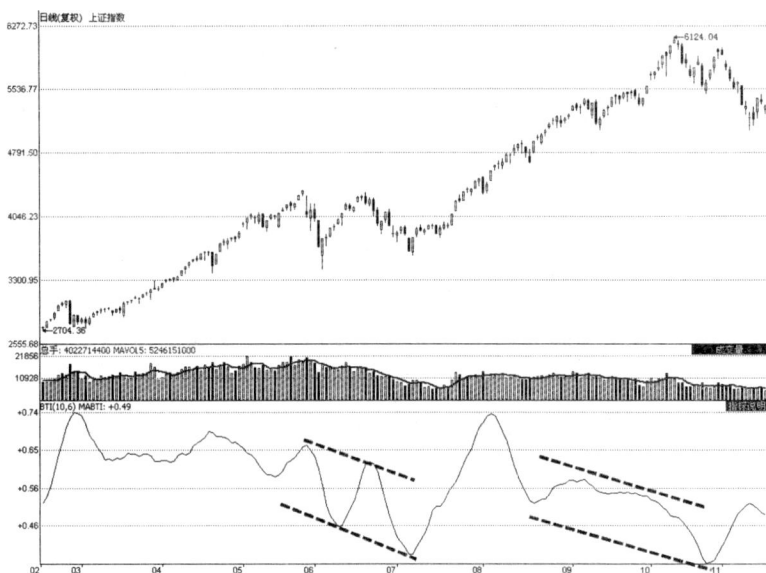

图 3-6　BTI 指标预示上升趋势见顶示意图

对于本例而言，股市在 2007 年 6 月的一波宽幅震荡走势中，虽然出现了 BTI 指标线持续下滑的形态，但是这里却并非是股市的顶部，而且后期又出现了较大幅度的上涨，如何解释这种现象呢？其实，这也与当时股市的实际运行情况有关，对于沪深两市绝大多数的中小盘个股来说，在 2007 年 6 月左右就已步入了顶部区间，但是对于少数大盘蓝筹股来说，由于借着当时良好的市场气氛及市面的所刮起的"价值投资"风潮，指数在 2007 年 7 月之后继续出现了一波强势上涨，可以说，这一波的上涨走势完全是由少数大盘权重股推动所致，这时的指数走势已经"失真"（因为真实的指数走势应是以反映股市中绝大多数个股走势为前提的）。

图 3-7 为上证指数 2007 年 3 月 31 日至 2008 年 3 月 13 日期间走势图，股市在经历了 2008 年的持续下跌之后，于低位区出现了震荡企稳的走势，指数

重心也开始出现稳步上移。查看同期的 BTI 指标线运行情况，我们可以发现，BTI 指标线也处于震荡攀升形态之中，并且在低位震荡区的两波上涨走势中，BTI 指标的峰值都创出了近半年以来的新高，这是市场"冲力"大增的体现，也预示着趋势已然发生了反转。可见，利用 BTI 指标线的运行形态并结合股市的走势情况，我们可以很好地把握趋势反转的出现。

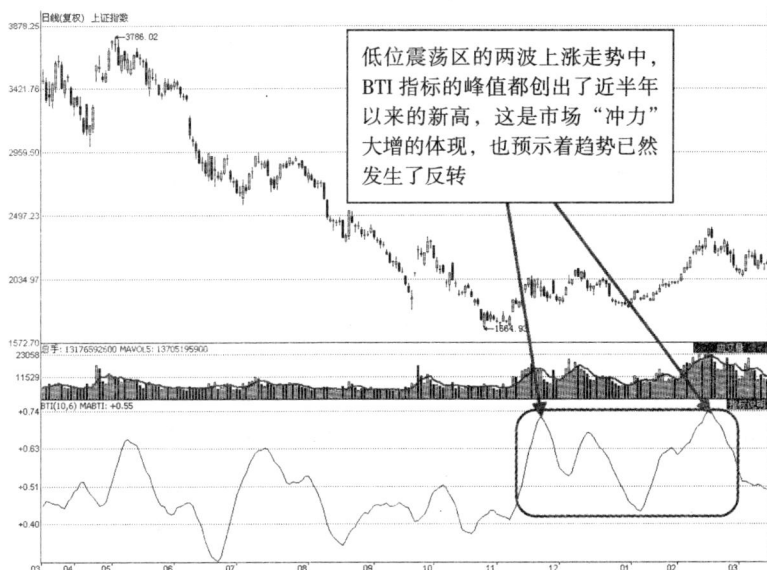

图 3-7　BTI 指标预示跌势转升势示意图

第四节　TRIX（三重指数平滑指标）

　　三重指数平滑移动平均指标 TRIX（Triple Exponentially Smoothed Moving Average），是一种研究价格中长期走势情况的技术分析工具。TRIX 指标基于移动平均线理论而产生，一般认为移动平均线 MA 的线形不够平滑，因此才引入了 TRIX 这一指标。TRIX 对一条平均线进行三次平滑处理，再根据这条移动平均线的变动情况来预测股价的长期走势。这种处理方法的优点在于可以过滤短期波动的干扰，以避免频繁操作而带来的失误和损失，此外，TRIX 指标因保留移动平均线的效果，而能凸显股价未来长期运动趋势，使投资者对未来较长时间内股价运动趋势有直观、准确的了解，从而降低投资者被深度套牢和跑丢"黑马"的风险。

　　在股票行情分要根据软件上的 TRIX 指标窗口中有两条指标线，一条线为

TRIX 线，另一条线为 TRMA 线（为 TRIX 指标线的移动平均线）。TRIX 指标的一般研判标准主要集中在 TRIX 指标线的运行形态及 "TRIX 线和 TRMA 线的交叉情况" 的考察上。下面我们就来结合实例看看如何利用 TRIX 指标分析价格的中长期走势。

一、利用 TRIX 识别价格的趋势运行情况

在上升趋势中，移动平均线 MA 会呈现出多头排列形态，即周期相对较短的移动平均线会运行于周期相对较长的移动平均线上方，且整个均线系统呈现出向上发散的形态。此时计算得到 TRIX 指标值会大于零，因此上升趋势也是一个 TRIX 指标线运行于零轴上方的过程。反之，在下跌趋势中，移动平均线 MA 会呈现出空头排列形态，即周期相对较短的移动均线会运行于周期相对较长的移动均线下方，整个均线系统呈现出向下发散的形态。此时计算得到 TRIX 指标值会小于零，因此下跌趋势也是一个 TRIX 指标线运行于零轴下方的过程。

图 3-8 为上证指数 2006 年 5 月 30 日至 2008 年 12 月 9 日期间走势图，在上升趋势中，我们可以清晰地看到 TRIX 指标线是持续运行于零轴上方的，而在下跌趋势中，TRIX 指标线则持续地运行于零轴下方。透过 TRIX 指标线，我们可以很好地把握价格运行的总体趋势，从而避免在上升趋势中过早出局或是在下跌趋势中过早抄底。

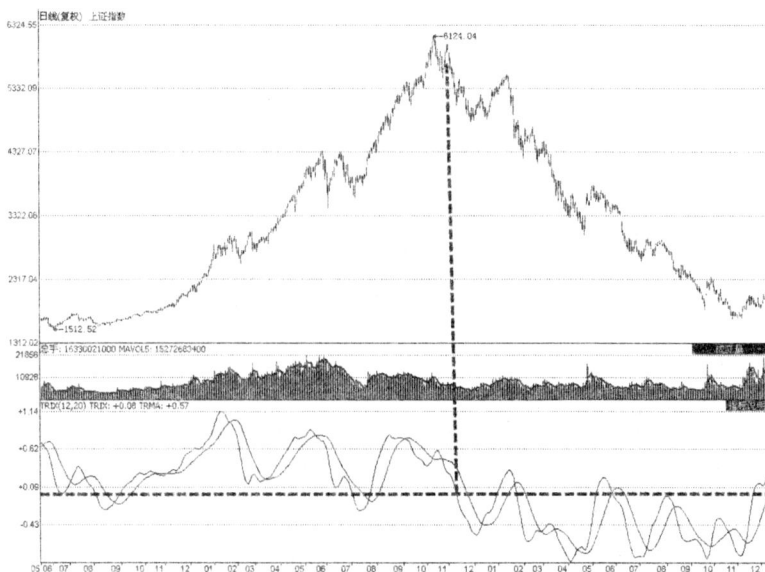

图 3-8 TRIX 反映趋势运行情况示意图

TRIX 指标线的运行形态不仅可以很好地反映出当前趋势的运行情况，它也可以对于趋势即将出现的反转走势发出预警。当 TRIX 指标开始由零轴上方快速向下跌至零轴下方且无力再度向上站稳于零轴上方时，就是顶部出现、下跌趋势即将展开的信号；反之，当 TRIX 指标开始由零轴下方快速向上突破进零轴上方且能有力地站稳于零轴上方时，就是底部出现上升趋势即将展开的信号。

图 3-9 为上证指数 2008 年 2 月 13 日至 2009 年 3 月 13 日期间走势图，在经历了长期的下跌走势后，TRIX 指标线快速向上突破进零轴上方，随后有效地站稳于零轴上方，并且同期的指数走势也是止跌、企稳回升，这是跌势结束、升势即将展开的信号。

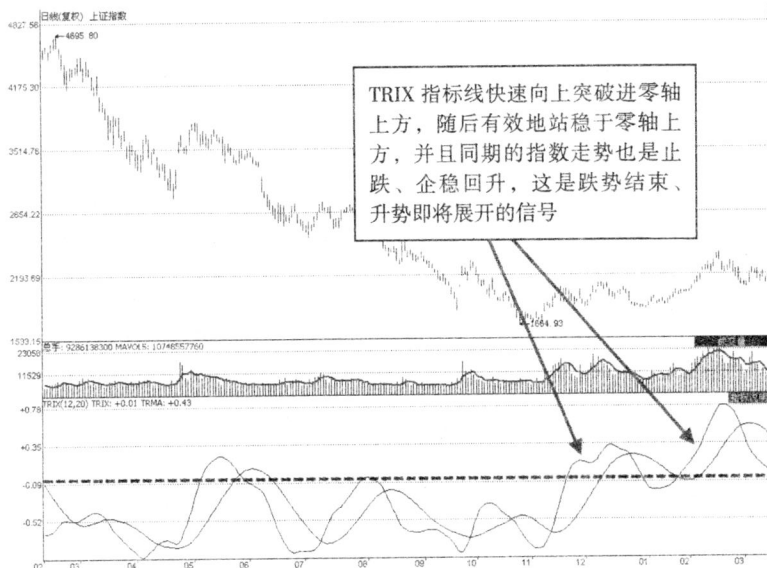

图 3-9 TRIX 反映趋势反转发生示意图

二、利用 TRIX 指标线的交叉关系把握中线买卖点

TRIX 指标是属于中线指标，其最大的优点就是可以过滤短期波动的干扰，在实盘操作中，我们可以利用 TRIX 指标线与 TRMA 指标线的交叉穿越关系来展开买卖操作。TRIX 线由下向上交叉并穿越 TRMA 时称之为 TRIX 指标金叉形态，反之，TRIX 线由上向下交叉并穿越 TRMA 时称之为 TRIX 指标死叉形态。TRIX 指标的金叉形态一般是价格将要出现中期上涨的预兆，而它的死叉形态则是价格将要出现中期下跌的信号。但是在具体使用这两种交叉形态时，

我们还需结合价格的整体运行趋势，例如，出现在上升途中盘整走势后或是一波回调走势后的 TRIX 金叉形态可以作为我们的中线买入的信号，但是出现了下跌途中盘整走势中或是反弹走势中的金叉形态就不能作为我们的中线买入信号。下面我们结合实例来看看如何利用 TRIX 指标线的金叉形态与死叉形态展开实盘买卖。

图 3-10 为啤酒花（600090）2008 年 10 月 22 日至 2009 年 6 月 24 日期间走势图，此股在经历了 2008 年 10 月之后的震荡盘升走势之后，开始步入上升趋势中，此时，我们可以积极地利用 TRIX 的金叉形态来展开中线买入操作，因为此时的 TRIX 指标金叉形态是个股中线升势再度出现的信号，也往往预示了阶段性的回调走势或盘整走势即将结束，是我们较好的逢低布局的机会。此外值得注意的一点是：虽然 TRIX 指标线的金叉形态仅仅体现在"TRIX 线由下向上交叉并穿越 TRMA 线"的这种交叉穿越关系上，但是在实盘应用时，我们还应观察 TRIX 指标的运行方式，即 TRIX 指标线在整体运行上是逐步走高还是出现了快速下降。只有当金叉形态出现在 TRIX 指标线在整体运行上呈逐步走高的背景下，此时的金叉形态才是我们中线买入的较好时机。

图 3-10　啤酒花上升途中盘整走势中的 TRIX 金叉形态图

图 3-11 为 ST 中源（600645）2008 年 11 月 17 日至 2009 年 11 月 5 日期间走势图，此股在上升途中的盘整走势中同样出现了一个 TRIX 指标线的金叉形态（图中标注的"2"），但是这一金叉形态却出现在 TRIX 指标线整体快速

下滑之后，因此此时并不是我们中期入场的好时机。

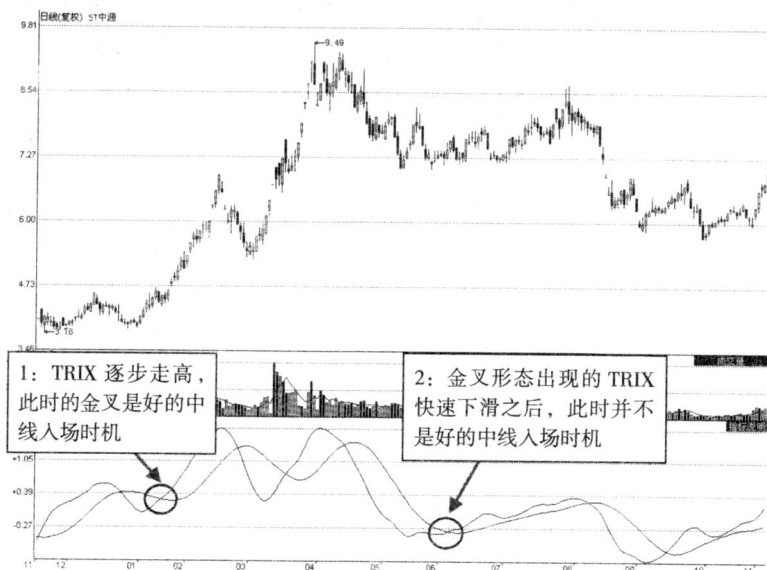

图 3-11　ST 中源上升途中盘整走势中的 TRIX 金叉形态图

图 3-12 为兴业银行（601166）2008 年 10 月 22 日至 2010 年 2 月 1 日期间走势图，虽然在此股前期的上涨走势中 TRIX 指标也出现了死叉形态，但是此时的 TRIX 指标线在整体上的运行方式是与股价的走势基本一致的，都是呈

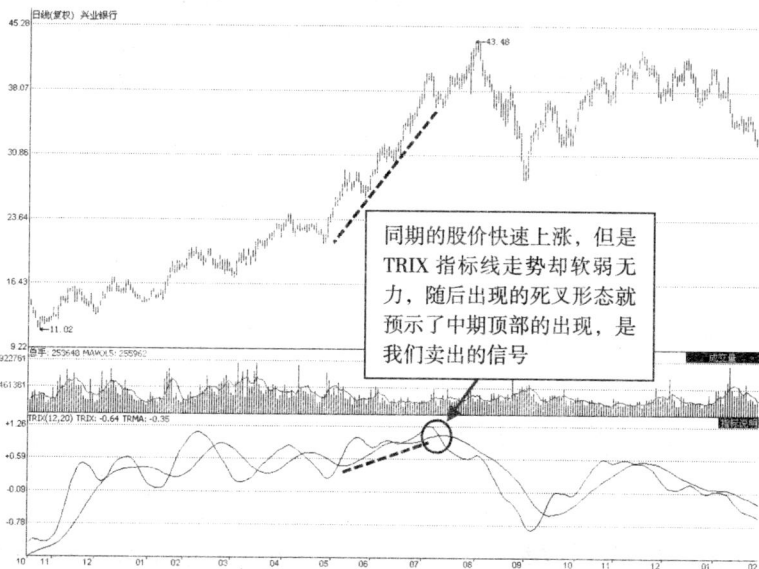

图 3-12　兴业银行 2008 年 10 月 22 日至 2010 年 2 月 1 日走势图

整体上扬形态的，此时的 TRIX 指标线出现的死叉形态并不是我们中期卖股离场的信号。但是，随后这一情况出现了改变，此股在随后的上涨走势中，出现了股价快速上涨，但是同期的 TRIX 指标线走势却软弱无力的情况，此时我们就要格外留意 TRIX 指标的死叉形态，因为它随后出现的死叉形态就预示了中期顶部的出现，是我们卖出的信号。

第五节　DMA（平均线差）

平均线差 DMA（Different of Moving Average）属于趋向类指标，也是一种趋势分析指标，是目前股市分析技术指标中的一种中短期指标，它常用于大盘指数和个股的研判。DMA 是建立在移动平均线基础之上，依据快慢两条移动平均线的差值情况来判断市场的买卖力量，进而分析价格趋势的一种技术分析指标。

要想较好地理解 DMA 指标为何可以通过计算周期长短不一的两条移动平均线的差值来得出价格的走势情况，我们首先要了解移动平均线在价格运行过程中所呈现出来的"分离—聚合—再分离"的特性，这种特性可以描述为：在一波价格上涨或下跌的趋势中，周期较短的均线往往会沿着原有的趋势运行方向快速远离周期相对较长的均线，随后在价格走势趋缓的时候，二者又会逐渐聚合。可以说，移动平均线的这种"分离—聚合—再分离"的特性也正是趋势运行过程中所呈现出来的走势特点。正是基于移动平均线的这种特性，通过计算两条周期不同的移动平均线的差值得到的 DMA 指标可以较好地反映出两条均线之间的分离、聚合程度，进而通过这种分离、聚合程度来预示价格的中短期走势。

在 DMA 指标窗口中有两条指标线，其中的一条是 DDD 指标线，DDD 指标线是周期不等的两条移动平均线 MA 之间的差价，DDD = 短期平均值 − 长期平均值，计算周期一般短期的是 10 日，长期的是 50 日；AMA 指标线为 DDD 指标线的移动平均线，计算周期一般为 10 日。下面我们结合实例来看看如何利用 DMA 指标展开中短线买卖操作。

一、利用 DMA 识别价格的趋势运行情况

DMA 指标是基于移动平均线 MA 发展而来的指标，它除了可以为投资者提供中短线买卖操作的依据外，还继承了移动平均线可以反映整体趋势运行情况的特点，在上升趋势中，周期较短的均线运行于周期相对较长的均线上方，

此时，DMA 的计算结果大于 0，因此 DMA 指标线在上升趋势中会运行于零轴上方；在下跌趋势中，周期较短的均线运行于周期相对较长的均线下方，此时，DMA 的计算结果小于 0，因此 DMA 指标线在下跌趋势中会运行于零轴下方；图 3-13 为招商银行（600036）2006 年 4 月至 2009 年 1 月期间走势图，此股在此期间完成一轮牛熊交替的走势，从图中的 DMA 指标线窗口中，我们可以清晰地看到，在上升趋势中，DMA 指标线持续地运行于零轴上方，反之，在下跌趋势中，DMA 指标线则持续地运行于零轴下方，这就是 DMA 指标线对于价格整体的趋势运行情况的直观反映。

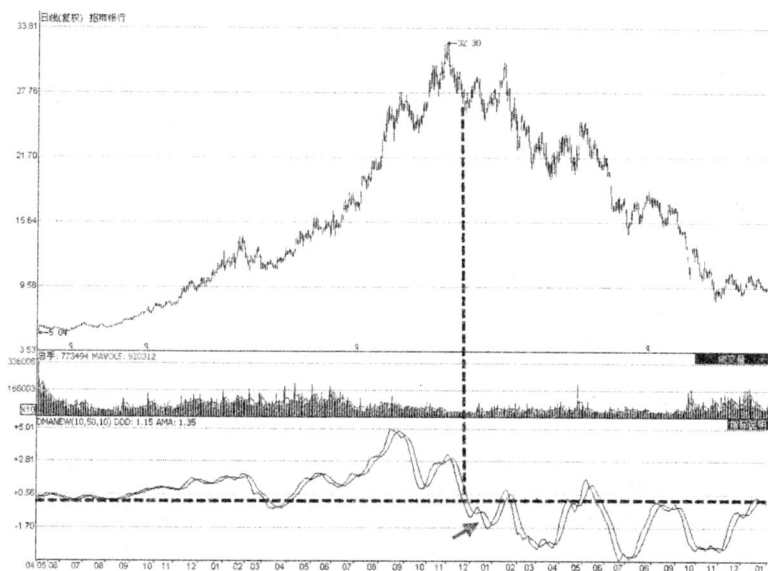

图 3-13　招商银行 DMA 指标反映趋势运行情况示意图

除了反映当前的运行趋势外，DMA 指标还可以很好地预示即将出现的趋势反转，如图 3-13 中的箭头标注所示，此股在顶部区的震荡走势中，出现了 DMA 指标线快速向下跌至零轴下方，随后无力再度向上穿越零轴并站稳于零轴上方的形态，而此时的价格走势仍处于顶部区的震荡之中，并没有步入明显的下跌通道中，如果仅从价格的走势形态来分析，我们难以把握住上升趋势是否已然结束，目前的震荡走势是否是顶部区的震荡走势，但是透过 DMA 指标线的运行形态，我们却可以轻易地得出结论：上升趋势已然结束，目前的个股正处于顶部震荡走势之中，随之而来的就是下跌趋势。

通过 DMA 指标线的运行形态，我们可以及时地在趋势反转前把握住高位出局的时机。DMA 指标对于趋势反转的这种预示作用也同样体现在跌势转升势的过程中，当个股在经历了长期的下跌走势后，若于低位区出现止跌企稳走势，且同期的 DMA 指标线开始向上穿越零轴并站稳于零轴上方，这就是跌势转升势的强烈信号，也是我们中长线买入布局的信号。

二、利用 DMA 的交叉关系把握中短线买卖时机

DMA 指标的另一个重要用途就是它可以指导投资者进行中短线交易，其指导方法就体现在 DDD 指标线与 AMA 指标线的交叉穿越关系上。DDD 与 AMA 的交叉关系有两种，一种是金叉形态，另一种是死叉形态。DDD 线由下向上交叉并穿越 AMA 线时称之为 DMA 指标金叉形态；反之，DDD 线由上向下交叉并穿越 AMA 线时称之为 DMA 指标死叉形态。

DMA 指标的金叉形态一般是价格将要出现一波上涨走势的预兆，而它的死叉形态则是价格将要出现一波下跌走势的信号，但是在具体使用这两种交叉形态时，我们还须结合价格的整体运行趋势，例如，出现在上升途中盘整走势后或是一波回调走势后的 DMA 指标的金叉形态可以作为我们的中线或短线的逢低买入布局的信号，但是出现了下跌途中盘整走势中或是反弹走势中的金叉形态一般就不能作为我们的中线买入信号。下面我们结合实例来看看如何利用 DMA 指标线的金叉形态与死叉形态展开实盘买卖。

图 3-14 为中纺投资（600061）2008 年 12 月 8 日至 2009 年 9 月 11 日期间走势图，此股在上升途中出现了较长一段时间的盘整走势，此时的个股累计涨幅不大、前期上升通道保持良好，在这种背景之下，我们就可以利用 DMA 指标线的金叉形态积极地展开短线操作，此时 DMA 指标在个股盘整后形成了金叉形态，表明股市处于强势，股价将再次上涨，是我们进行买入的信号。值得注意的是，利用金叉形态进行短线买入操作时，我们还应结合价格的短期走势情况，只有出现在价格阶段性涨幅较小（盘整走势中）或是一波快速回调后相对低位区的金叉形态，才是较为可靠的短线买入信号。若在个股出现金叉形态时，其股价也出现了快速上涨，则此时的金叉形态并不是好的短线买入时机。

图 3-15 为南京高科（600064）2008 年 12 月 22 日至 2009 年 9 月 29 日期间走势图，此股在上升途中出现了一波快速上涨走势，在这一波快速上涨走势中，价格与 DMA 指标线都呈现快速上扬形态，随后出现的 DMA 指标死叉形态即是我们短线逢高出局的信号，因为这时的 DMA 指标的死叉形态实质是反映了短期移动平均线在迅速脱离中长期移动平均线后将再度向下靠拢中长期移动平均线。

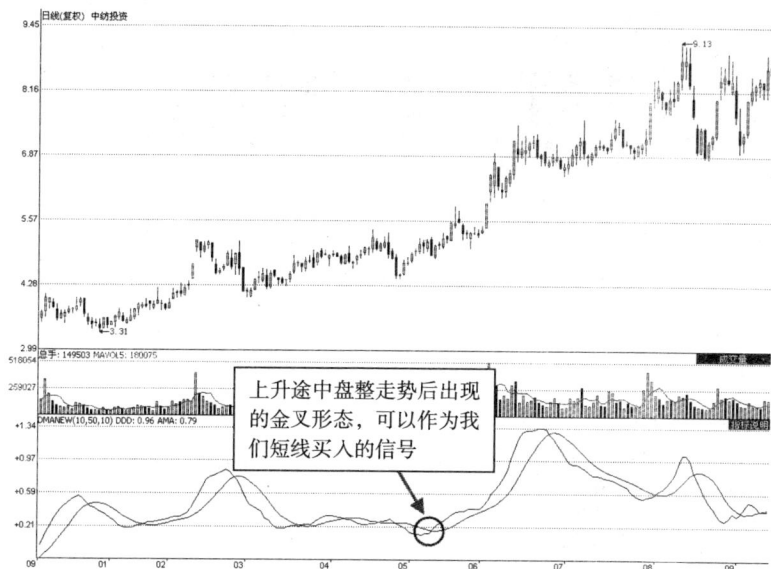

图 3-14　中纺投资上升途中盘整走势后 DMA 金叉买入示意图

上升途中盘整走势后出现的金叉形态，可以作为我们短线买入的信号

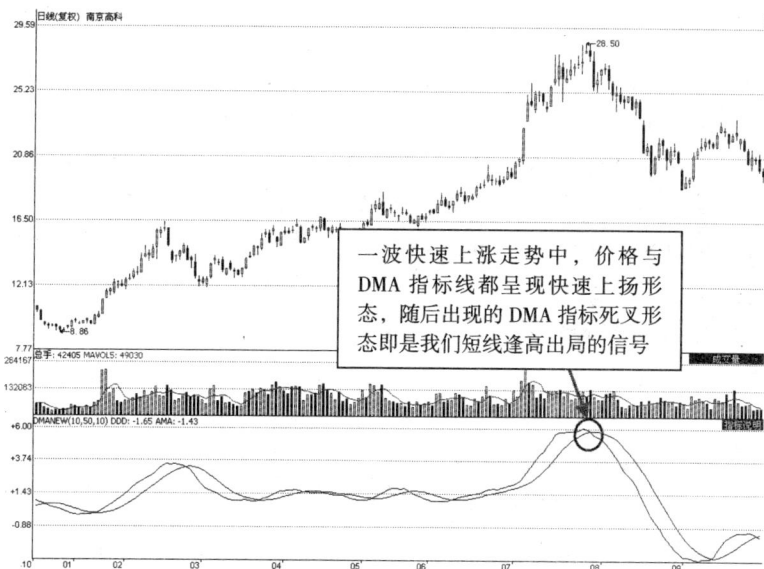

图 3-15　南京高科上升途中 DMA 死叉卖出示意图

一波快速上涨走势中，价格与 DMA 指标线都呈现快速上扬形态，随后出现的 DMA 指标死叉形态即是我们短线逢高出局的信号

第六节　DMI（动向指数）

　　动向指数 DMI（Directional Movement Index）是一个分析价格短期波动情况的指标，由美国证券技术分析师威尔斯·威尔德（Wells Wilder）在《技术交易系统新构架》一书中提出，其基本原理是通过分析股票在价格上涨或下跌的过程中多方力量与空方力量的"平衡点"的位置变化情况来分析价格短期走势，所谓的"平衡点"是指多方与空方在某一阶段处于势均力敌状态下的位置，当价格在短期内快速脱离平衡点后，价格就会有再次向平衡点靠拢的引力。如果价格快速向上脱离平衡点，则此时是我们的短线卖出时机；反之，则是我们的短线买入时机。。

　　DMI 指标的最大优势在于它是以价格的盘中波动幅度为输入参数的，对于一些常见的其他技术指标来说，如移动平均线 MA、指数异动平滑平均线 MACD 等，多是以收盘价作为输入参数的，以收盘价作为输入参数并不能完整地体现出价格的真实波动情况。例如，我们可以假设有两只股票当日都处于不涨也不跌的状态，但是其中的一只股票盘中的震荡幅度较小，不足 1%，但是另一只股票却在盘中出现了大幅度的震荡，假设盘中震幅达到 5% 以上，很明显，虽然两只股票的收盘状态没有什么区别，但是它们却呈现出了明显不同的市场含义，基于这一原理，DMI 指标在设计过程中引入了盘中震幅，并利用盘中震幅情况来捕捉"平衡点"的变化情况，从而帮助投资者解读价格的短期波动情况。

　　动向指数指标窗口中有 4 条指标线：上升方向指标（+DI，也可表示为PDI）、下降方向指标（-DI，负号表示方向，不表示负值，也可表示为 MDI）及平均趋向指数（ADX）和它的缓动线（ADXR）。在实盘操作中，我们主要从 +DI 指标线、-DI 及同期的价格走势这三点入手来分析价格的短期波动情况，下面我们结合实例来看看如何利动向指数分析价格走势。

　　+DI 曲线表明了价格上升趋向的强弱，它的运行方向与价格走势相同，价格上涨走势越急、力度越大，则 +DI 指标线向上攀升的角度也越陡峭，当 +DI 指标线向上运行时，-DI 指标线就会处于向下运行的状态；-DI 曲线表明了价格下跌趋向的强弱，它的运行方向与价格走势相反，价格下跌走势越急、力度越大，则 -DI 指标线向上攀升的角度也越陡峭，当 -DI 指标线向上运行时，则 +DI 指标线就会处于向下运行状态。

　　图 3-16 为四川路桥（600039）2009 年 10 月 30 日至 2010 年 4 月 23 日期

间走势图，图中的细线为+DI 指标线，粗线则为–DI 指标线。如图 3–16 所示，此股在一波快速上涨走势中出现了+DI 指标线快速上升、–DI 指标线快速下降的形态，随后，此股的价格走势开始出现停顿现象，且+DI 指标线开始转平向下、–DI 指标线则开始转平向上，这是短期内上升趋向减弱、回调趋向加强的标志。由于此股的这一波阶段性上涨幅度较大，此时即是我们的短线卖出时机。

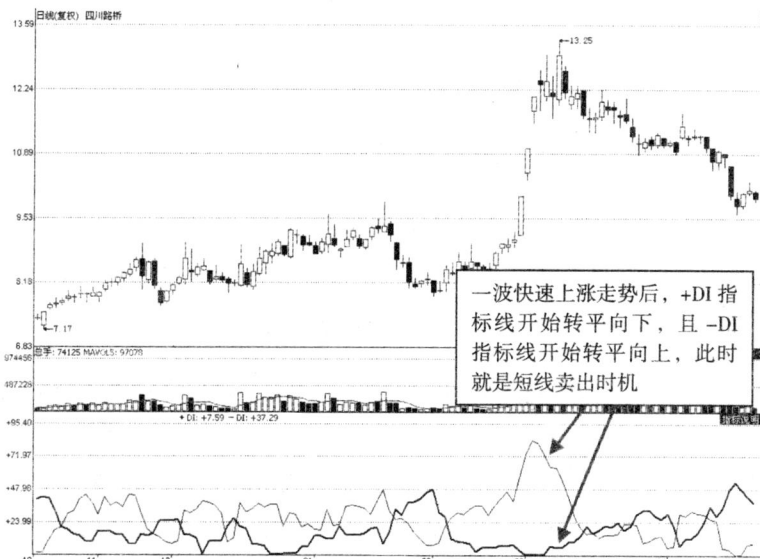

一波快速上涨走势后，+DI 指标线开始转平向下，且 –DI 指标线开始转平向上，此时就是短线卖出时机

图 3–16 四川路桥 DMI 指标短期卖出示意图

图 3–17 为浙江广厦（600052）2008 年 10 月 10 日至 2009 年 4 月 7 日期间走势图，此股在 2008 年 10 月之后开始处于震荡盘升走势中，此时的+DI 指标线在更多的时间内运行于–DI 指标线的上方，这说明在这一阶段时间内，市场的上升动向要明显地强于下跌动向，因此这是价格走势由前期跌势转为升势的信号。此时，我们可以积极地展开短线波段操作，而利用 DMI 指标的金叉形态来买入就是一种很好的选择。如图 3–17 标注所示，当此股在一波回调走势后，所出现的+DI 指标线向上交叉并穿越–DI 指标线的形态就是 DMI 指标线的金叉形态，在这一金叉形态出现后，我们可以看到此股的股价仍处于回调后的盘整走势中，并没有出现上涨，但是随后的+DI 指标线却强势运行于–DI 指标线的上方，这说明当前的市场又处于上升动向强于下跌动向的阶段，预示着一波上涨走势即将展开，是我们短线逢低买入的信号。

与 DMI 指标线金叉形态相对应的就是它的死叉形态，所谓的 DMI 指标死叉形态是指–DI 指标线由下向上穿越+DI 指标线，当这一形态出现在个股一波

图 3-17　浙江广厦 DMI 指标金叉买入示意图

快速上涨后的相对高位区时，它是短期内的下跌趋向强于上涨趋向的体现，因此是我们短期内逢高卖出的信号。不过在实际应用中，投资者可以在-DI 指标线由下方开始转为上升，且+DI 指标线由上方开始转为向下时进行卖出，此时卖出一般可以卖在个股一波快速上涨后的相对高位区，从而有利于我们最大化地保住短期内所获取的利润。

第七节　MTM（动量指标）

动量指标 MTM（Momentom Index）是一种研究股价短期波动情况的指标，从这一指标的名字上我们可以看出，它是以"动量"为核心的。那么，什么是动量呢？在物理学中，动量是一种矢量，它是物体质与速度的乘积，一个物体的动量越大，则它沿某一方向运行的距离也就越远；同样，在股市中，我们可以把价格的运动方式以"动量"这一概念表现出来，股市中的"动量"指标以分析股价波动的速度为目的，研究股价在波动过程中各种加速、减速、惯性作用以及股价由静到动或由动转静的现象。

物理学中物体的动量等于质量与速度的乘积，但是股市中的个股并不存在质量，因此我们只需研究它的速度即可。动量指标是利用两个交易日收盘价之差的绝对值来反映出价格在这段时间的涨跌速度，这种涨幅速度也就是此股的动量大小。很明显，两日收盘价之差的绝对值越大，则此股在这段时间的上涨或下跌速度就越快，它在这一波上涨或下跌时的动量也就越大。在设计动量指标时，这两个交易日的时间间隔较为重要，若是间隔时间太长，则动量指标不能及时地反映价格的变化情况，一般来说，把两个交易之间的时间间隔设定为6是一个较为理想的数值。在动量指标窗口中，有两条指标线，一条是动量线MTM，MTM = 当日的收盘价–N 日前的收盘价，N 为两个交易日之间的间隔时间，此外，还有一条指标线 MAMTM 为 MTM 的移动平均值曲线。

一、利用动量线识别趋势的反转

上升趋势的运行过程及下跌趋势的运行过程往往都会呈现一种鲜明的特性，这种特性就是价格走势"由缓至急再到缓"的过程。例如在上升趋势的整个行进过程中，起始多方力量并不充足，因此起初的上涨走势总是显得不是那么强劲（这是最初的较为"缓和"的上涨）；随后，多方力量开始不断增强、场外资金的介入速度也开始增加，这时的价格走势呈现出急速的上涨（这是上升途中的"急速"上涨）；但是买盘的力量毕竟是有限的，当买盘无力再度大力推升价格上涨时，往往也就是上升趋势步入收尾阶段的体现，此时的价格走势会再度呈现出相对缓和的走势，这说明多方力量已经不足。同理，在下跌趋势中，价格走势也往往呈现出"由缓至急再到缓"的过程。基于这一原理，我们就可以利用 MTM 指标线的运行形态来识别趋势反转的出现了。

当个股经历了长期的下跌走势后，若在大幅下跌后的相对低位区，股价仍在下跌，但此时的 MTM 指标线却在逐波走高，这说明个股的下跌力度已大不如前，我们将这种 MTM 指标线向上运行、价格却向下运行的形态称之为 MTM 指标的底背离形态，MTM 指标的底背离形态出现在个股累计跌幅较大的低位区，是个股下跌趋势即将结束的信号，也是我们应择机选择中长线入场买入的信号。

图 3–18 为郑州煤电（600121）2008 年 5 月 20 日至 2009 年 1 月 6 日期间走势图，此股在经历了长期且幅度巨大的下跌走势后，其跌势开始放缓，如图3–18 标注所示，在深幅下跌后的低位区，股价仍在持续下跌，但是同期的MTM 指标线却在逐步走高，这就是 MTM 指标线的底背离形态，它出现在个股深幅下跌后的低位区是做多力量开始明显枯竭、做多力量开始逐步增强的信号，也是下跌趋势即将结束、底部即将出现的信号。但是在实盘操作中，我们不必在底背离形态一出现的时候就入场买股，我们可以等到随后价格走势出现明显的止跌企稳后再入场布局。

当个股经历了长期的上涨走势后，若在大幅上涨后的相对高位区，股价仍

图 3-18 郑州煤电 MTM 指标底背离示意图

在上涨，但此时的 MTM 指标线却在逐波走低，这说明个股的上涨力度已大不如前。我们将这种 MTM 指标线向下运行、价格却向上运行的形态，称之为 MTM 指标的顶背离形态。MTM 指标的顶背离形态出现在个股累计涨幅较大的高位区，是个股上升趋势即将见顶的信号，也是我们应择机选择中长线离场的信号。

图 3-19 为宏图高科（600122）2007 年 4 月 18 日至 2008 年 3 月 3 日期间走势图，此股在经历了长期且幅度巨大的上涨走势后，在一波快速上涨后中的高位区出现顶背离形态，这一形态出现在个股大幅上涨后的高位区是个股上升动量明显不足的体现，多预示了下跌走势即将展开。考虑到此股前期的累计涨幅巨大，因此此时的顶背离形态往往也是个股总体上升趋势结束的信号，是个股见顶的信号。在实盘操作中，当我们发现这种顶背离形态时，就是尽早的离场出局，以保住到手的利润。

二、利用 MTM 指标线的交叉穿越关系展开买卖

除了利用 MTM 指标线的背离形态识别价格运行趋势的转变之外，我们还可以利用 MTM 指标线与 MAMTM 指标线运行时的金叉形态与死叉形态开展短线买卖。当 MTM 线由下向上交叉并穿越 MAMTM 时，称之为 MTM 指标的金叉形态；当 MTM 线由上向下交叉并穿越 MAMTM 时，称之为 MTM 指标的死叉形态。金叉形态与死叉形态是 MTM 指标窗口经常出现的一种形态，但并非

图 3-19　宏图高科 MTM 指标顶背离示意图

所有的金叉形态与死叉形态都代表了买卖时机，只有出现在特定情况下的金叉形态才代表买入时机，也只有出现在特定情况下的死叉形态才代表卖出时机。

　　一般来说，若个股处于上升途中，在个股一波快速回调走势中若出现了MTM 指标线与 MAMTM 指标线都快速下降的形态且同期的回调幅度较大，则随后出现的 MTM 指标的金叉形态才是我们在上升途中短线买股的好时机。在实盘操作中，还有一点是值得我们注意的，这就是在下跌途中，一般我们并不用 MTM 指标的金叉形态展开短期的博取反弹操作，这一方面是因为下跌途中的反弹走势较为短暂，另一方面也是因为当个股在下跌途中的反弹走势中出现金叉形态时，此时的个股往往出现了一定的反弹上涨走势，如果此时买入，则很有可能买在一波反弹走势中的相对高点，这无疑会大大增加我们短期博取反弹操作时的风险，无异于"火中取栗"。

　　图 3-20 为香江控股（600162）2009 年 3 月 2 日至 12 月 14 日期间走势图，此股在上升途中出现了一波深幅回调走势，在此股的这一波深幅回调走势中，我们可以看到 MTM 指标线也出现了较大幅度的下降，这代表了短期内此股向上的动量正在快速增强，但这种短期内的反方向动量增强注定只能是一时的，随着空方力量的减弱，个股向上的动量会再次逐步变强，而这一信号就体现在 MTM 指标线随后所出现的金叉形态上。

　　若个股处于上升途中或下跌途中，在个股一波快速上涨走势中（或是反弹走势中）若出现了 MTM 指标线与 MAMTM 指标线都快速上升的形态，同期的

图 3-20　香江控股 MTM 金叉买入示意图

上涨（或反弹）幅度较大，则随后出现的 MTM 指标的死叉形态才是我们在上升途中或下跌途中的短线卖股的好时机。

图 3-21 为上海建工（600170）2009 年 2 月 9 日至 8 月 27 日期间走势图，此股在上升途中出现了一波快速上涨走势，并且 MTM 指标线也呈快速上扬形态，价格短期内的过快上涨势必会使得此股短期内的获利抛压明显增加，随后 MTM 指标线出现的死叉形态大多预示了个股一波回调走势即将展开，是我们短线卖出此股的信号。

第八节　AR、BR（人气意愿指标）

人气意愿指标是由 AR（人气指标）和 BR（意愿指标）两部分组成，都是通过研究价格的波动情况进而反映短期内多空双方能量变化的指标，它属于一种能量类型的指标，适用于指导投资者进行短线的波段操作。AR 指标与 BR 指标既可以分开单独使用，也可以相结合来使用，在实盘操作中，一般我们会将二者结合起来使用，这样可以达到更好的效果。

AR、BR 属于能量类指标，它是通过分析股价偏离"平衡位置"的程度来分析市场上的多空力量对比情况、市场做多能量或做空能量的情况。在指标的设计上，AR 指标重视开盘价格，以开盘价作为分析多空双方力量的平衡点，

图 3-21 上海建工 MTM 死叉卖出示意图

BR 指标则重视收盘价格，以收盘价作为分析多空双方力量的平衡点。虽然AR、BR 所选取的平衡点并不相同，但是它们的设计原理是一致的，都是通过分析当日最高价或最低价与"平衡点"之间的位置关系来判断市场的人气度、买卖意愿。很明显，当前价格向上远离平衡点时，代表市场人气活跃、买入意愿较强；反之，当前价格向下远离平衡点时，则代表市场人气低落、卖出意愿较强。在具体应用中，我们主要利用 AR、BR 的数值大小来分析短期多空双方力量对比情况，下面我们结合实例来看看如何利用 AR、BR 指标开展实盘买卖操作。

在实盘操作中，AR 与 BR 的数值大小反映了市场当前的多空双方力量情况，如果 AR、BR 数值较高，则说明当前的多方力量较强；反之，则代表空方力量较强。但是，多方力量或空方力量在短期内如果释放过快，就会使得个股处于短期内的超买或超卖状态，此时，我们就可以利用 AR 或 BR 的数值来分析个股是否处于这一状态。一般来说，当 AR 或 BR 数值在短期内突然快速上升且超过 200 时，若此时的价格走势也出现短期快速上涨，则这表明个股在短期内处于超买状态，是我们应逢高抛售的信号；当 AR 或 BR 数值在短期内突然快速下降且低于 70 时，若此时的价格走势也出现短期快速下跌，则这表明个股在短期内处于超卖状态，是我们应逢低买入的信号。

图 3-22 为兖州煤业（600188）2009 年 2 月 13 日至 9 月 1 日期间走势图，此股在一波快速上涨走势中，AR、BR 值超过了 200，这是市场处于超买状态

的反映，也是我们短期卖出此股的信号。在实盘应用 AR、BR 的超买数值进行短线卖出操作时，我们应将 AR、BR 数值与价格走势相结合。一般来说，在价格经一波快速上涨走势后，若 AR、BR 数值在超过 200 后无力再度上升并开始迅速下跌，则此时可以作为我们的短线卖出信号；反之，若在价格的快速上涨走势中，AR、BR 值向上突破 200 后仍然继续上扬，这说明短期的多方力量仍没有完全释放，我们不妨再等等卖出（等到 AR、BR 数值开始调头向下时再卖出也不迟）。

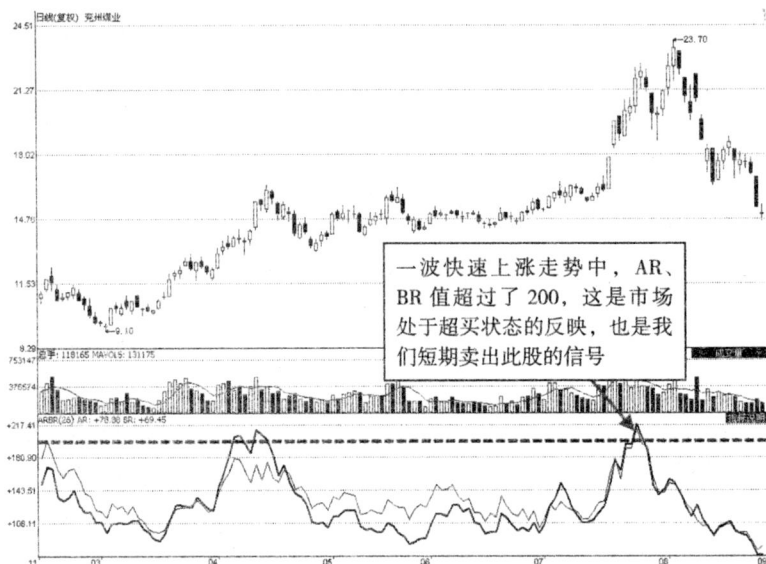

一波快速上涨走势中，AR、BR 值超过了 200，这是市场处于超买状态的反映，也是我们短期卖出此股的信号

图 3-22　兖州煤业 AR、BR 短期超买示意图

此外，在应用超买数值时，我们可以结合个股的自身特性来具体量定，不同个股在其走势过程中所产生的超买数值也不尽相同，一般来说，只要个股在这一波快速上涨走势中，使得 AR、BR 数值接近了前期的峰值，我们就可以认为此股目前处于短期超买状态，是我们短期卖股的信号。

图 3-23 为海通证券（600837）2009 年 3 月 20 日至 2010 年 1 月 5 日期间走势图，此股在上升途中出现了一波深幅下跌回调走势，这一波的快速下跌走势使得 AR、BR 值低于 70，这是市场处于超卖状态的反映，也是我们短期买入此股的信号。在实盘应用 AR、BR 的超卖数值进行短线买入操作时，我们应将 AR、BR 数值与价格走势相结合。一般来说，在价格经一波快速下跌走势后，若 AR、BR 数值在低于 70 后无力再度下跌且开始出现回升形态，则此时可以作为我们的短线买入信号；反之，若在价格的快速下跌走势中，AR、BR 值向下突破 70 后仍然继续下探，这说明短期的空方力量仍没有完全释放，

我们不妨再等等，可以等到 AR、BR 数值开始调头向上时再买入。

图 3-23　海通证券 AR、BR 短期超卖示意图

　　此外，在应用超卖数值时，我们可以结合个股的自身特性来具体量定，不同个股在其走势过程中所产生的超卖数值也不尽相同，一般来说，只要个股在这一波快速下跌走势中，使得 AR、BR 数值接近了前期的谷值，我们就可以认为此股目前处于短期超卖状态，是我们短期买股的信号。

　　AR、BR 市场人气指标除了可以帮助我们分析个股短期内的超买超卖情况，进而指导我们的操作外，它还可以有效地帮助我们识别一轮跌势或升势是否已经到了尽头，原有的趋势是否正在发生转向。当个股在下跌途中，此时的市场人气及买卖意愿都处在一种相对较低的状态下，这反映在 AR、BR 指标线上就是：AR、BR 指标的数值处于相对较低的位置区间内运行，但是在跌势结束、升势即将开始的时候，此时市场人气会迅速恢复、投资者买卖意愿也会大幅增强，我们可以看到 AR、BR 指标会出现快速上扬的形态，且开始在位置较高的区间内持续运行，这就是 AR、BR 运行形态对于跌势转升势的预示；反之，当个股处于上升途中，此时的市场人气及买卖意愿都处在一种相对较高的状态下，这反映在 AR、BR 指标线上就是：AR、BR 指标的数值处于相对较高的位置区间内运行，但是在涨势结束、跌势即将开始的时候，此时市场人气会迅速减弱、投资者买卖意愿也会大幅降低，我们可以看到 AR、BR 指标会出现快速下跌的形态，且开始在位置较低的区间内持续运行，这就是 AR、

BR 运行形态对于升势转跌势的预示。下面我们结合实例来看看 AR、BR 指标是如何预示趋势的反转的。

　　图 3-24 为滨州活塞（600960）2008 年 2 月 5 日至 2009 年 1 月 22 日期间走势图，此股在下跌途中的 AR、BR 指标线是在相对位置较低的区域内持续运行的，但是在深幅下跌后，这一情况得以改变。随着价格走势的止跌企稳，我们可以看到 AR、BR 指标线出现了快速上扬的形态，并且 AR、BR 指标线也开始在位置相对较高的区域内运行，这是市场人气得以快速恢复、投资者买入意愿大幅增强的体现，也是个股跌势结束，升势即将展开的信号。

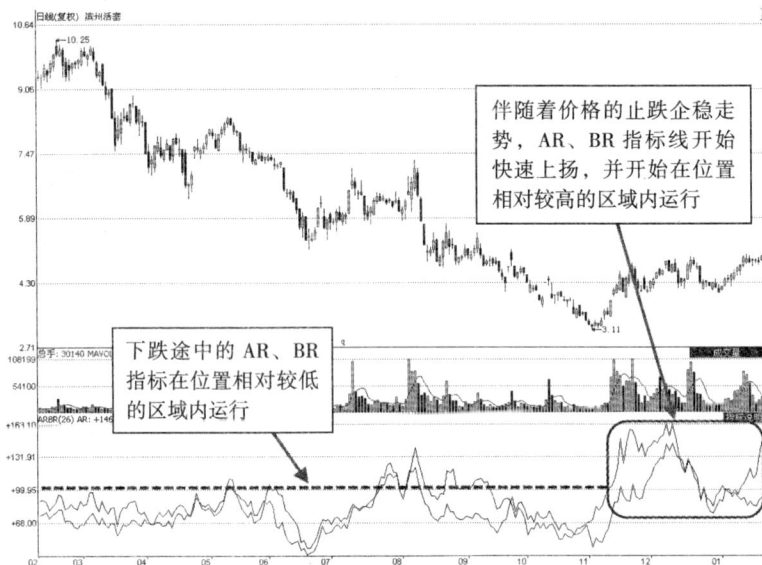

图 3-24　滨州活塞跌势转升势 AR、BR 运行形态示意图

第九节　RSI（相对强弱指标）

　　相对强弱指标 RSI（Relative Strength Index），也称相对强弱指数、相对力度指数，与 KDJ 指标相似，它也是一种摆动类指标，更适宜于研究个股的震荡盘整走势。RSI 指标由威尔斯·威尔德于 1978 年在其著作《技术交易系统新概念》中提出，它通过测量价格在某一段时间内上涨或下跌幅度的情况来判断多空双方力量相对强弱，进而预示价格的短期走势。

一、利用 RSI 形态分析趋势运行情况

RSI 指标反映了多空双方力量的强弱，它的取值范围在 1~100 区间，一般来说，我们可以将 RSI = 50 这一数值当作是多空双方力量的平衡点，当多方力量占据优势地位时，此时的 RSI 指标线在更多的时间内会运行于 50 上方，因此在上升趋势中，我们可以看到 RSI 指标线会更多地运行于 50 上方；反之，当空方力量占据优势地位时，此时的 RSI 指标线在更多的时间内会运行于 50 下方，因此在下跌趋势中，我们可以看到 RSI 指标线会更多地运行于 50 下方。

图 3-25 为株冶集团（600961）2006 年 10 月至 2008 年 7 月期间走势图，图中用虚线标注了 RSI = 50 的位置。我们可以看到，当此股处于上升趋势中时，由于此时的多方力量占据优势，相对强弱指标 RSI 在更多的时间内运行于 50 上方；反之，当此股开始步入到下跌趋势中时，RSI 指标线在更多的时间里就开始运行于 50 下方了。

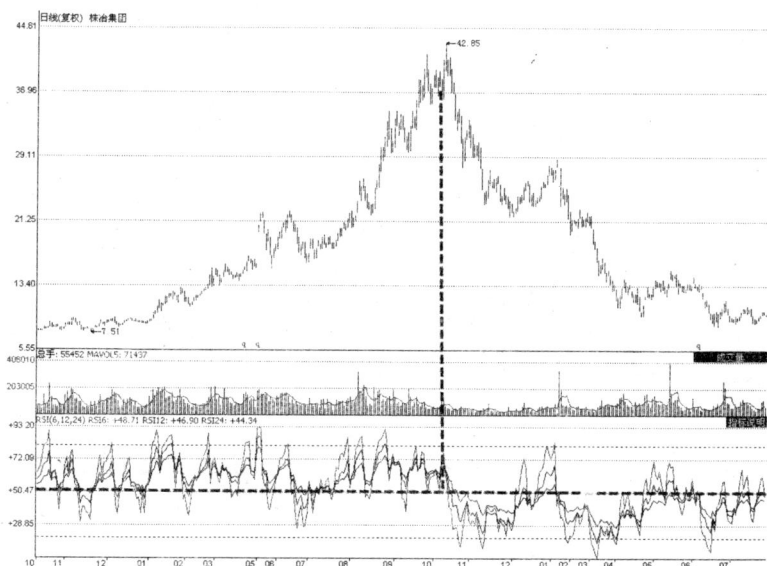

图 3-25　株冶集团 RSI 指标反映趋势运行情况示意图

二、利用 RSI 指标分析短期超买超卖情况

RSI 指标除了很好地反映了市场总体运行趋势，它主要的作用在于可以很好地反映出市场短期内的超买超卖情况。一般来说，在价格的波动过程中，RSI 指标值会在 30~70 之间波动，此时的市场多空双方力量交锋过程较为缓和，价格走势相对平缓，市场会在某一方的主导下而持续运行。但是一旦价格

的一波快速上涨走势使得 RSI 指标值向上超越了数值 80，或者是价格的一波快速下跌走势使得 RSI 指标值向下跌破了 20，则表明多方力量或空方力量出现了快速释放，是市场短期内处于超买状态或超卖状态的体现。

在实盘操作中，RSI 指标的超买超卖状态往往会领先于价格走势，即当 RSI 指标向上穿越了数值 80 之后，此时的价格仍很有可能再度出现一小波上涨，但在这一小波的上涨走势中，RSI 指标却开始出现快速回落且跌至 80 下方，此时就是我们短期逢高卖出的最好时机；反之，当 RSI 指标向下跌破了数值 20 之后，此时的价格仍很有可能再度出现一小波下探，但在这一小波的下探走势中，RSI 指标却开始出现回升并升至 20 上方，此时就是我们短期逢低介入的最好时机。

图 3-26 为中国平安（601318）2009 年 2 月 5 日至 9 月 28 日期间走势图，图中的虚线为 RSI＝80 位置处，此股在一波快速上涨走势中使得 RSI 突破 80，随后价格再度出现一小波上涨，但 RSI 指标线却开始运行于 80 下方，此时即是较好的短线逢高卖出时机。

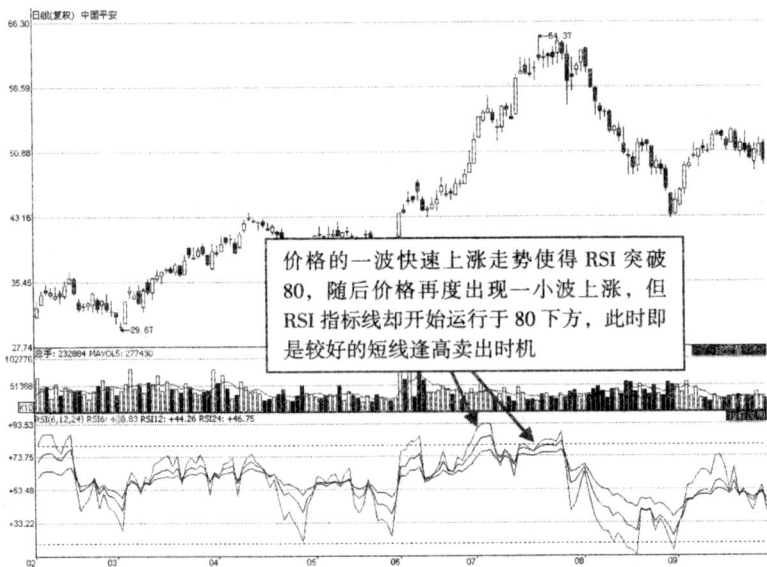

图 3-26 中国平安 RSI 指标短期超买示意图

图 3-27 为中国太保（601601）2009 年 2 月 11 日至 11 月 17 日期间走势图，图中的虚线为 RSI＝20 位置处，此股在一波快速下跌走势中使得 RSI 跌至 20 下方，随后价格再度出现一小波下探，但 RSI 指标线却开始运行于 20 上方，此时即是较好的短线逢低买入时机。

图 3-27 中国太保 RSI 指标短期超卖示意图

三、利用 RSI 指标线交叉关系展开实盘买卖

在 RSI 指标窗口中，我们可以看到三条 RSI 指标线，它们分别为 6 日 RSI 指标线、12 日 RSI 指标线、24 日 RSI 指标线，在价格的上涨或下跌过程中，这三条指标线的波动频率明显不一。6 日 RSI 指标线是波动最快、波动幅度最大的一条指标线，利用 6 日 RSI 指标线与 12、24 日 RSI 指标线之间的交叉穿越关系，我们也可以很好地把握价格上涨或下跌时的短期买卖点。

当 6 日 RSI 指标线由下向上交叉并穿越 12 日、24 日 RSI 指标线时称为 RSI 指标金叉形态，当这种金叉形态出现在个股上升途中的一波回调走势后的相对低位区或是上升途中盘整后时，多意味着个股新一波上涨走势的出现，是我们短线买入个股的信号；反之，当 6 日 RSI 指标线由上向下交叉并穿越 12 日、24 日 RSI 指标线时称为 RSI 指标死叉形态，当这种死叉形态出现在个股上升途中的一波快速上涨走势后的相对高位区或是下跌途中的一波反弹走势或是盘整后走势，它的出现多意味着个股即将展开一波下跌走势，是我们短线卖出个股的信号。

图 3-28 为平煤股份（601666）2008 年 10 月 16 日至 2009 年 3 月 20 日期间走势图，此股在上升途中的一波回调走势后，出现了 6 日 RSI 指标线由下向上交叉并穿越 12 日、24 日 RSI 指标线的金叉形态，这一金叉形态多预示着个股新一波上涨走势即将出现，而此时的个股又正处于一波回调后相对低位区，

因此是我们短线买入的好时机。

图 3-28　平煤股份上升途中回调走势后 RSI 金叉买入示意图

　　图 3-29 为中国远洋（601919）2009 年 3 月 19 日至 9 月 4 日期间走势图，此股在上升途中出现了一波快速上涨走势，这一波的快速上涨走势使得此股的 RSI 指标线也呈现出快速上扬的形态，RSI 指标线开始向上突破 80 处于超买状态，这是 RSI 指标数值向我们所发现的短线卖出信号；随后，出现的 6 日 RSI 指标线由上向下交叉并穿越 12 日、24 日 RSI 指标线的死叉形态，这一死叉形态多预示着个股新一波下跌走势即将出现，它也是一个明确的短线卖出信号，在这种 RSI 指标既处于短期超买状态，又出现死叉形态的情形下，此股短期的一波快速回调走势也就不可避免。在实盘操作中，一般来说，只要个股在一波快速上涨走势后出现了两种情况（RSI 处于超买状态和 RSI 指标的死叉形态）之一，我们就可以把它当作是明确的短线卖出信号。

第十节　BIAS（乖离率）

　　乖离率（BIAS）是移动平均原理派生的一项技术指标，我们知道，在价格的一波上涨或下跌走势中，股价往往会在短期内迅速脱离移动平均线，但是价格随后还会有再度向移动平均线靠拢的倾向，而乖离率 BIAS 指标的主要功能就是通过测算股价在波动过程中与移动平均线出现偏离的程度。BIAS 通过

图 3-29 中国远洋上升途中一波快速上涨走势后 RSI 死叉卖出示意图

计算当日的收盘价与一定时间周期内的移动平均线的距离大小来得出当前股价对于移动平均线的偏离程度，从而得出股价在剧烈波动时因偏离移动平均趋势而造成可能的回档或反弹，以此来指导我们进行短线买卖操作。

当价格走势处于上升趋势中时，此时的价格运行于移动平均线上方，因此 BIAS 所得到的计算结果会大于零，BIAS 指标线会在零轴上方运行，这是 BIAS 指标对于上升趋势的直观反映；反之，当价格走势处于下跌趋势中，此时的价格运行于移动平均线下方，因此 BIAS 所得到的计算结果会小于零，BIAS 指标线会在零轴下方运行，这是 BIAS 指标对于下跌趋势的直观反映。

图 3-30 为金地集团（600383）2006 年 11 月至 2008 年 10 月期间走势图，图中用虚线标注了此股零轴的所处位置，此股在此期间完成了一轮牛、熊市交替的走势，当此股处于上升趋势中时，我们可以看到，BIAS 指标线在绝大多数时间内是运行于零轴上方的；反之，当此股步入到下跌通道后，其 BIAS 指标线在绝大多数时间内就开始运行于零轴下方了。透过 BIAS 指标线与零轴之间的位置关系，我们可以较为清晰地了解到价格的趋势运行情况。

BIAS 指标线的主要功能在于反映价格偏离移动平均线的程度，当价格走势较为平稳时，此时 BIAS 指标线的波动幅度较小，投资者可以按计划采取操作，反之，当 BIAS 指标线出现大幅波动时，往往就是价格在短期内快速脱离均线的体现，此时，我们可以利用 BIAS 展开短线买入操作。

当 BIAS 指标线快速上扬且达到前期峰值时，若此时的价格走势也同步

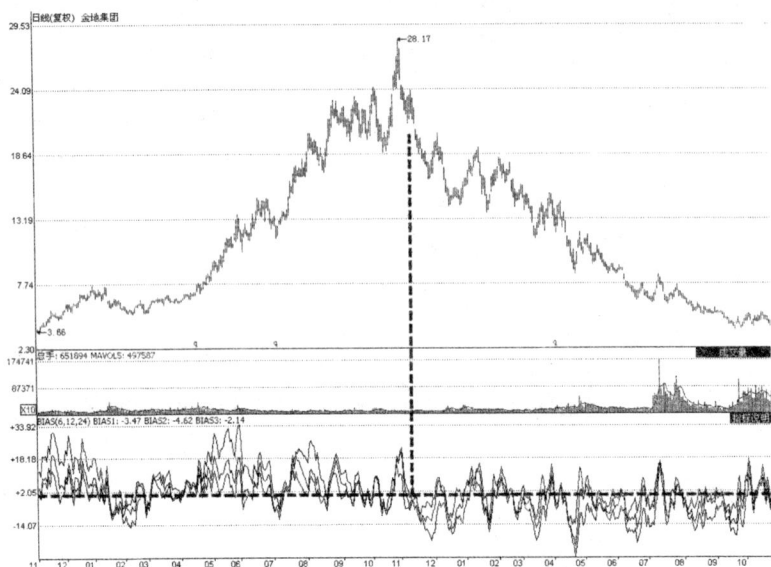

图 3-30　金地集团 BIAS 指标反映趋势运行示意图

出现了快速上涨形态，这多意味着个股的价格在短期内已明显向上远离了移动平均线（上升趋势中的一波快速上涨走势后），或是快速向上靠拢移动平均线（下跌途中的一波反弹走势后），是价格走势即将出现下跌的信号；反之，当 BIAS 指标线快速下降且达到前期谷底附近时，若此时的价格走势也同步出现的快速下跌形态，这多意味着个股的价格在短期内已明显向下远离了移动平均线（下跌途中的一波快速下跌走势后），或是快速向靠拢移动平均线（上升途中一波回调走势后），是价格走势即将出现一波上涨走势的信号。

图 3-31 为 ST 中源（600645）2008 年 12 月 24 日至 2009 年 6 月 19 日期间走势图，此股在上升途中的一波快速上涨走势中，它的 BIAS 指标线快速攀升至前期的峰值处，这说明此股当前的股价已经明显向上远离了移动平均线，基于移动平均线对股价所具有"引力"作用，这是个股一波回调走势即将出现的信号，也是我们应短期逢高抛售此股的信号。

图 3-32 为中国国航（601111）2007 年 12 月 5 日至 2008 年 6 月 3 日期间走势图，此股处于下跌途中的短期快速下跌走势中，它的 BIAS 指标线快速下降至前期的谷底处，这说明此股当前的股价已经明显向下远离了移动平均线，基于移动平均线对股价所具有"引力"作用，这是个股一波反弹上涨走势即将出现的信号，也是我们在下跌途中博取反弹行情时的重要信号之一。但是在实际操作中，于下跌途中博取反弹收益的难度无疑要大大增加，因此为了避免出

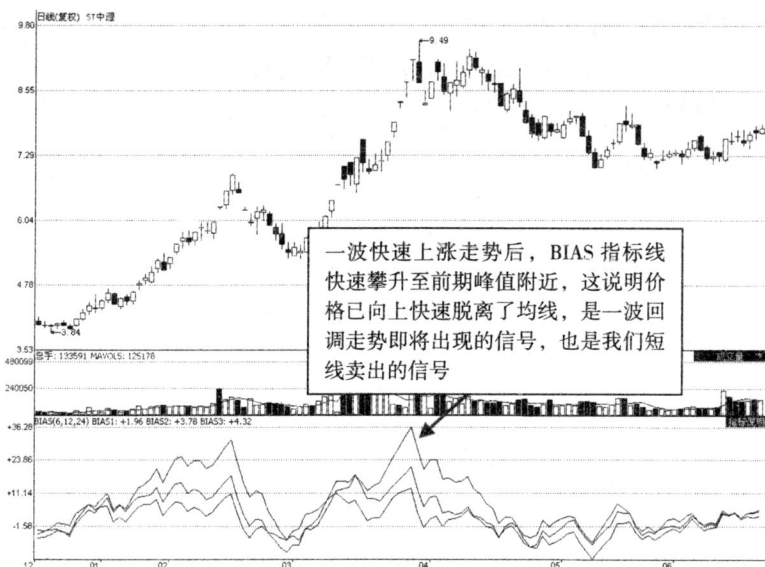

一波快速上涨走势后，BIAS 指标线快速攀升至前期峰值附近，这说明价格已向上快速脱离了均线，是一波回调走势即将出现的信号，也是我们短线卖出的信号

图 3-31 ST 中源 BIAS 短线卖出示意图

现短期被套的情况，投资者在参与操作时除了要关注 BIAS 指标线的运行情况，还应把握住两个原则：一是个股是否在近期出现了一波快速下跌走势，这可以保证个股短期内的空方抛压得到了较好的释放；二是参与时不宜全仓操作，因为全仓操作很容易使投资者的心态出现明显的波动，难以客观实时地把握住价

图 3-32 中国国航 BIAS 短线买入示意图

格的运行情况，而且在下跌途中进行全仓式的博取反弹操作，也无疑是一种过于激进的冒险行为，这无益于使我们的账户资金稳步增长，反而有可能使我们的账户出现短期大幅缩水的情况。

第四章 稳健操盘术——规避技术分析的"陷阱"

K线形态、量能变化、技术指标是我们进行技术分析的关键所在，但是技术分析并非万能钥匙，它虽然可以大大提高我们每一次交易的成功率，但是也有明显的不足之处，技术分析仅从市场交投数据入手，因此不可避免地会遇到市场中各式各样的陷阱，规避好这些陷阱是我们实现高胜算操盘的重中之重，那么，股市中有哪些常见的陷阱呢？投资者又就如何对其进行规避呢？这些就是我们本章中所要重点讲解的内容。

第一节 把握趋势是正确操盘的核心要素

股市中的很多陷阱之所以会重伤投资者，多是源于投资者忽略了当前的市场运行趋势，例如，一些投资者在上升途中仅仅依据某一日的放量大阴线就误认为这是主力的出货行为，从而在恐高的心态中盲目抛售离场，从而错失了个股后半程的涨势；也有一些投资者在下跌途中因为个股当前已跌幅较大而盲目地认为此股已跌无可跌，从而在下跌途中过早地进行抄底买入，使自己的股票处于短期快速被套的不利局面，错失了后期的真正底部买入机会。其实，这些误操作都是源于投资者对于市场的趋势运行规律了解得不够透彻、没有真正领会顺势而为的操盘思维。本节中，我们首先对股市中的"趋势"这一概念加以阐述，力图引起读者的关注，因为，有的时候导致我们操盘失败的因素往往就是这些看似很简单、但却是最容易被忽略的东西。

我们的操盘是以个股为对象的，而个股的走势则是以大盘为背景的，大盘涨则大多数个股会处于上涨状态，大盘跌则大多数个股也难逃厄运，在大盘持续上涨或下跌的运行趋势下，我们可以看到沪深两市中的几乎所有的个股也会出现持续上涨或下跌的走势，可以说，这种齐涨共跌的情形是国内股市的一大特色，在这样的市场下进行操盘，对于市场总体运行趋势的把握就显得格外重要。

　　在对股市中的趋势进行分类时，我们有两种标准可以遵循，第一种是依据市场整体或个股的总体运行方向来划分，即依据"方向性"，我们可将趋势划分为三种：上升趋势、下跌趋势、横盘震荡趋势。这种划分方法也是我们最常用的趋势划分方法，平常我们所提到的趋势就是依据这种划分方法得来的。第二种是依据市场整体或个股在某一阶段的走向与总体走向的方向是否一致，将趋势分为主要趋势、次要趋势和短期趋势三种，这种关于趋势的划分方法即是道氏理论对于趋势的划分方法。

　　市场沿着某一方向持续运行的过程称为趋势运行过程，这一过程也可以说是买盘或卖盘中的一方处于主导地位的过程。趋势的运行过程有两大特点：一是趋势的持续时间较长，二是趋势的持续力度较大。这两大特点可以保证我们较好地把握住市场当前的趋势运行情况，是处于上升趋势、盘整趋势还是处于下跌趋势。

　　趋势是我们部署实战策略的着手点，无论投资者是进行中长线投资，还是进行短线投机，理解股市走向的趋势性对于我们展开实盘操作都具有重要的意义。在上升趋势中，我们可以进行中长线持股或阶段性的高抛低吸短线操作；而在横盘震荡趋势中，我们不宜进行中长线布局，更适宜开展波动操作；在下跌趋势中，我们只能展开短线反弹操作，如果进行中长线操作则很可能出现重大亏损。

　　可以说，股价运行的总体趋势是我们进行中长线布局或短线操作时的背景环境，如果我们的操盘不能顺应这一背景环境，所面临的可能不仅是利润的减少，更有可能的是重大亏损，一旦我们出现重大亏损，在股市中继续生存发展下去就会变得难上加难。可以说，识别趋势、认清趋势、把握趋势是我们开展实盘操作的关键点。

第二节　便宜的陷阱

　　我们买入一只个股的理由是什么呢？便宜的价格是我们买入个股的理由吗？如果一只个股从 60 元跌到 20 元，其累计跌幅已经超过了 60%，此时它的价格算是便宜吗？此外，我们也会常常在市场中听到"消灭 2 元股"、"消灭 3 元股"这样的说法，这种说法给人的直观感觉就是：一只个股的绝对价格越低，它的风险也就越低，然而，事实果真如此吗？下面我们通过实例来看看股市中的便宜陷阱都有哪些？

　　图 4-1 为西部矿业（601168）2007 年 7 月 12 日至 2009 年 2 月 9 日期间

走势图，此股在 2007 年的牛市背景下作为新股开始上市交易，上市后此股正逢市场同期炒作价值投资理念。作为一只大盘蓝筹股，此股在上市后即受到了投资者的热烈追捧，股价一路飙升至 60 元上方，随后，在 2008 年股市持续下跌的带动下，此股一路下跌，从最高点的 68.10 元一路跌至最低点的 5.20 元，即使是在事后看来，此股作为一只绩优蓝筹股，它的跌幅也是让所有投资者心有余悸的，又有谁能想到它的累计跌幅竟然超过了 90% 呢？而且此股在下跌之前可是一只典型的绩优蓝筹股，这从它发布的 2007 年年报中即可窥知："西部矿业（601168）2007 年度每股收益 0.80 元，每股净资产 4.25 元，净资产收益率 17.03%，实现净利润 172584.39 万元，同比增长 12.15%，营业收入 870930.72 万元，同比增长 5.93%，10 派 3 元（含税）。"

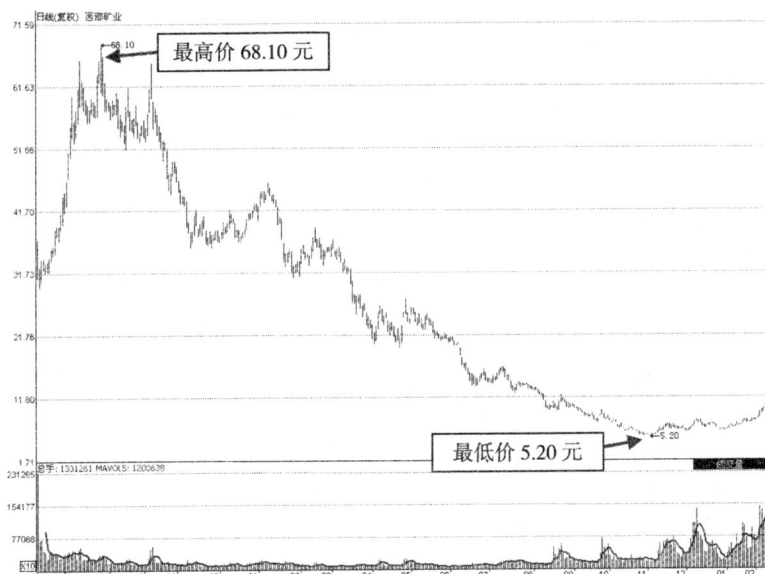

图 4-1　西部矿业走势图

可以毫不夸张地说，对任何一个在此股下跌途中关注它的投资者而言，都难免出现被套的"厄运"，为什么会出现这样的情况呢？其实原因很简单，对于那些有买入此股意愿的投资者来说，当他们看到个股已经跌幅不小的时候，往往就会不顾个股当前的趋势运行情况，而先入为主地认为此股当前的股价已经够"便宜"的了，跌幅也够大了，后期难有再度下跌的空间了，正是基于这种思想，才使自己面临着被套的不利局面。如果我们可以客观地分析一下此股的趋势运行情况，就完全可以避免出现这种误操作，因为基于趋势运行的规律，我们是不会在下跌途中仅仅依据它的绝对价格及累计跌幅而盲目买入的。

基于趋势运行的规律，我们会在此股下跌至 5 元区后所出现的长时间止跌企稳走势中介入，虽然此时的买入价格并非是最低点，但却最大限度地保证了我们的资金安全性。

图 4-2 为 ST 昌鱼（600275）2007 年 7 月 12 日至 2009 年 2 月 4 日期间走势图，此股从顶部区的最高价 12.93 元一路下跌至底部区的最低价 1.15 元，当此股步入下跌途中之后，当它跌至两三元的时候，如果我们主观地认为它的累计跌幅够大、当前的绝对价格够低，而不顾当前的趋势运行情况盲目的抄底买入，则我们将面临着中短期内资金快速缩水的不利局面。通过这两个案例的分析，我们能明白什么呢？首先就是不要把绝对股价及累计跌幅太当回事，千万不要以为绝对价格低的股票就是便宜的，累计跌幅大的股票就不存在下跌空间了。股价是否便宜真正应该衡量的是股票的价格与其含金量——价值之比，绝对价格高的不一定贵，绝对价格低的股票也不一定便宜，认清这一点对我们国内的投资者特别重要。

图 4-2　ST 昌鱼走势图

第三节　除权的陷阱

对于股市了解并不透彻的股民来说，可能会觉得那些经历了高送转除权方案后的个股很便宜，似乎是仍在低位区，然而，事实果真如此吗？

高送转一般是指大比例送红股或大比例以资本公积金转增股本，比如每 10 股送 10 股或每 10 股送 5 股转增 5 股等。当上市公司向股东送红股时，就要对股票进行除权，公司股价将做除权处理，高送转的实质是股东权益的内部结构调整，对净资产收益率没有影响，对公司的盈利能力也并没有任何实质性影响。在净利润不变的情况下，由于股本扩大，资本公积金转增股本与送红股将摊薄每股收益，也就是说，高送转方案虽然让股东手中的股票数量变多了，但是却相应等价的降低每一股的价格，可以说，高送转方案并不使投资者的账户资金增值，投资者的账户资金若想增值，只能依靠二级市场中的股价上涨。通过以上的分析，我们可以发现：高送转方案并不会让投资者的财富增值，因而，高送转后的"低价"视觉效果自然只是一种假象，如果我们将实施了高送转方案的个股进行复权处理，就会发现它们多是高高地站在山上，其高位风险也自然可想而知。

图 4-3 为中兵光电（600435）2007 年 7 月至 2010 年 4 月期间走势图，此股在经历了两次高送转的除权操作之后（第一次是在 2009 年 2 月实施的每 10 股转增 10 股的高送转方案，第二次是在 2010 年 3 月实施的每 10 股转增 5 股、分红 2 元的送转方案），我们可以看到它的绝对股价是处于一种极低的状态下的，给人的一种直观感觉就此股仍处于低位区，并没有怎么上涨，然而实际情况果真如此吗？通过对此股进行复权处理，我们可以看到它的真实走势情况。图 4-4 为此股同期（2007 年 7 月至 2010 年 4 月期间）复权后的走势图，从这张图中我们可以看到，此股在 2010 年 4 月时仍然处于大涨后的高位区震荡运行，而图 4-3 中的"低价"效果完全是除权后所形成的一种直观错觉，它并不代表此股仍然处于低位区，投资者在参与这种高送转方案实施后的个股时，一定要对其进行复权处理，切不可因为此股的绝对股价较低而盲目介入，因为此时的个股很可能是处于大涨后的高位区，此时买入无益于大大方便了主力的高位出货行为。

通过此股在高送转方案实施前的走势，我们可以看到，主力炒作此股的迹象明显，既然高送转方案并不能为企业带来实实在在的利润，那么，为何具备这种题材的个股会受到主力炒作、投资者追捧呢？其实原因很简单，一是由于企业的高速成长过程往往也是它的股本快速扩张的过程，具备高送转能力的上市公司往往盈利能力较为突出，存在着股本扩张的需求（虽然情况并非完全如此），因此高送转方案向市场传达了这样一个信息：企业的未来成长潜力是值得期待的。二是国内股市惯有题材炒作及炒作低价股的风气，散户投资者也更喜欢跟随主力操作、买入价位更低的股票，这就为主力炒作高送转题材的个股

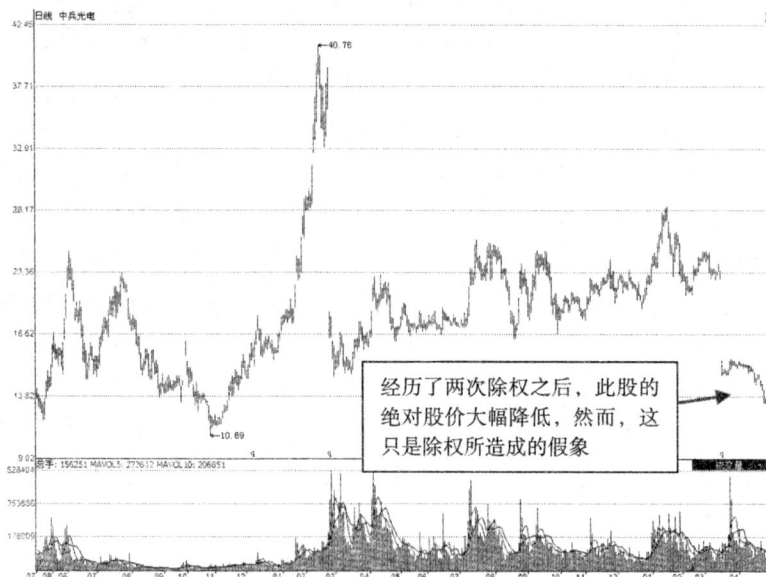

经历了两次除权之后，此股的绝对股价大幅降低，然而，这只是除权所造成的假象

图4-3 中兵光电除权后的"低价"视觉效果图

图4-4 中兵光电复权后的真实走势图

提供了沃土，高送转方案的实施可以大幅度地打低股价，使得其绝对价位更便宜、低价位的视觉效果更突出，从而极大地方便了主力后期出货的需要。

第四节 图形的陷阱

技术分析在股市中占据了主导地位而且也是最为深入人心的一种分析方法，相信在股市中有一定经验的投资者都会对那些较为经典的图形、形态深谙于心，在实际操作中自觉不自觉地使用这些方法来帮助自己进行决策。这种操作方法虽然比盲目的追涨杀跌或随机的买卖个股要强很多，但其成功率也不见得有多高。情况很有可能是这样的：当我们看到盘中的某些个股图形漂亮，或是即将脱离盘整的突破上行，或是富有规律的箱体震荡，或是沿某一支撑线持续上行并保持良好的趋势运行特征等。然而，当我们真正买入此股后，往往就会发现这种图形完全是一种骗局，价格的走势也恰好与我们的预期相反，这就是所谓的图形陷阱。它之所以会成为套牢散户的陷阱其根本原因，就在于我们过分地依赖于图形、分析过于片面。下面我们结合实例来看看图形的陷阱是如何出现的，我们又应如何规避这些陷阱。

图 4-5 为华纺股份（600448）2009 年 4 月 3 日至 9 月 2 日期间走势图，此股在上升途中经历了一段时间的盘整走势之后，出现了一根放量大阳线，这一根大阳线是否意味着此股要突破上行呢？相信很多投资者都有"放量要涨"的思维方式，而且此股的这种放量"突破"形态出现在上升途中的盘整走势之

图 4-5 华纺股份放量突破盘整区示意图

后，是一种较为典型的盘整突破形态，但如果投资者果真依据这种漂亮的图形来实施追涨买入操作的话，那恐怕就要面临着短期大幅亏损的不利局面了。

仅仅依据图形来进行操作，我们很有可能误入陷阱，那么我们应如何规避这一陷阱呢？对于本例来说，此股在运行过程中有两个细节值得我们关注，一是此股在放量突破日之前的几日运行过程中，出现了两根宽幅震荡的阴线形态，且第一根阴线实体极长，这是市场短期内抛压较重的表现，由于此股目前正处于持续上涨后的高位区，因此这种大阴线多预示着其随后很有可能出现一波幅度较大的回调走势；二是此股的放量突破形态仅仅维持了一个交易日，在当日突破之后，此股第二个交易日的成交量就出现了大幅度的缩减，这种量能形态我们可以将其称为脉冲式放量形态（我们在第二章第四节"脉冲型的放量"中已对其进行了详细的讲解），这种放量形态的出现往往预示着价格的一波下跌走势即将出现，因此是属于假突破性质的量能形态。如果投资者可以在观察 K 线图形的时候，对一些其他的信息（如此股近期的走势情况、整体走势情况、量能变化情况、盘中分时线波动情况等要素）进行较为周全的分析的话，是完全可以避免这种单纯依据图形进行操作而陷入不利局面情况的出现的。

图 4-6 为好当家（600467）2008 年 12 月 16 日至 2009 年 12 月 3 日期间走势图，此股在持续上涨的途中出现了一个看似经典的双重顶形态（也称为"M"顶形态），这一形态是否是此股上升趋势结束、顶部出现的标志呢？考察个股顶部出现的着手点主要有两方面，一是此股的累计涨幅，对于此股来说，它的累计涨幅较小且前期的上涨走势较为稳健，因此其步入顶部区的可能性也相对较小；二是此股在这一"M"走势过程中的量能变化情况如何，如图 4-6 标注所示，此股在"M"走势过程中的第二波下跌走势中，出现了成交量大幅度萎缩的形态，这种形态出现在个股的上涨途中一波回调走势中，往往是市场浮筹较少、主力控盘能力较为突出的标志，它的出现多预示着个股后期仍将在主力的推动下继续上涨。通过以上两点分析，我们就不能单纯地依据此股这时出现的"M"形态而认为它已步入了顶部区，因此在实盘操作中就不能在第二波回调后的相对低点实施抛售离场的卖出策略了，而这种卖出策略恰恰是顶部区双重顶形态中一个较为理想的卖点。

图 4-7 为广汽长丰（600991）2008 年 12 月 4 日至 2009 年 12 月 4 日期间走势图，此股在持续上涨后，于高位区开始出现反转向下的走势，这使得此股的前期上升形态已完全被打破，此股随后出现的二次探底似乎宣告着新一轮跌势的展开，然而此时的极度缩量形态却向我们昭示着此股的下跌通道是行不通的，因为这种极度缩量的形态说明空方抛压较轻、主力仍然控盘能力较强，这

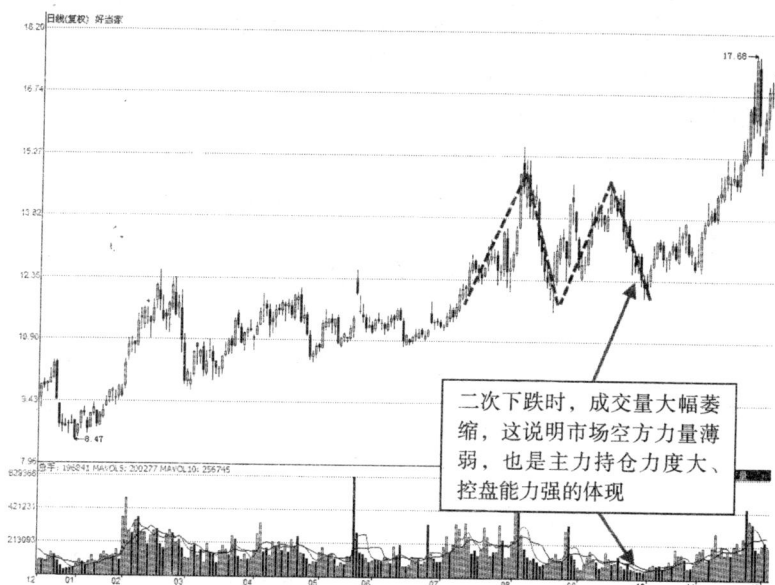

二次下跌时，成交量大幅萎缩，这说明市场空方力量薄弱，也是主力持仓力度大、控盘能力强的体现

图4-6 好当家"M"顶示意图

样的个股一般是不会在仅仅经历了高位区的短暂停留之后就马上步入跌途的，因为主力的出货要有一个较为充裕的时间与空间才能完成，为了后期出货的需要，主力一般也会让此股尽量停留于高位区的。

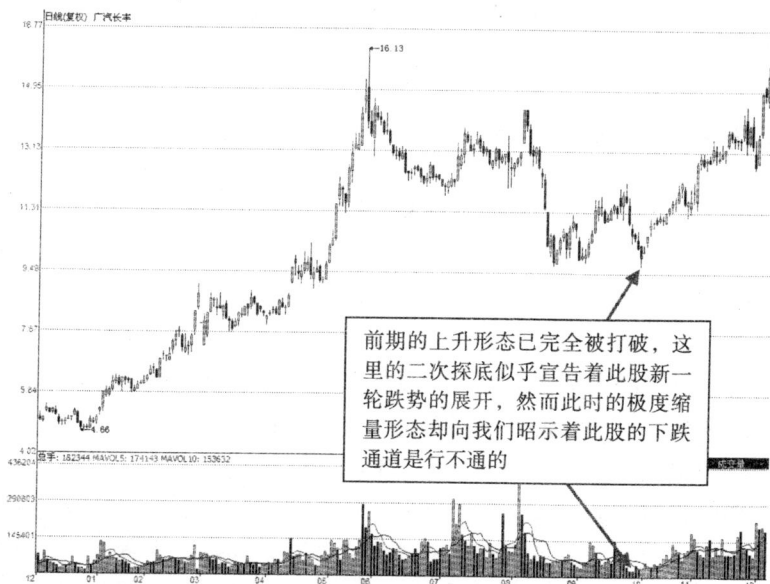

前期的上升形态已完全被打破，这里的二次探底似乎宣告着此股新一轮跌势的展开，然而此时的极度缩量形态却向我们昭示着此股的下跌通道是行不通的

图4-7 广汽长丰单根K线形态构成图

通过对以上几个例子的讲解，相信读者对于股市中技术图形的作用会有一个更为深刻的认识。图形分析可以说是一把"双刃剑"，能否正确地利用图形来切实可行地指导我们进行买卖操作往往取决于我们的综合分析能力。一般来说，识别股票技术陷阱有三个关键的地方需要把握：一是要把握好股价所处的位置区间，当个股处于中长线角度中的明显低位区或是高位区时，即使不看图形，我们也可以很容易地判断出此股见底及见顶的可能性会明显增加，高位区出现的经典底部形态（如双重底、圆弧底等）并不代表有主力资金在吸筹，也不是多方力量强于空方力量的体现，反之，低位区出现的经典顶部形态（如双重顶、圆弧顶等）并不代表有主力资金在进行出货的操作，也不是空方力量强于多方力量的体现；二是要把握好成交量的变化形态，量能的变化往往会明显地提前于价格走势，也可以通过对倒做出来，但仍不失为一个较可靠的参考指标，透过成交量形态的变化，我们既可以分析主力的控盘行为，又可以了解到股市中多空双方的力量转变情况；三是要关注个股近期的 K 线形态，当个股处于一波快速上涨后的相对高位区时，此时盘整走势中出现的实体较长的大阴线或是盘中大幅震荡的阴线形态，往往是市场空方抛压突然加重的表现，反之，当个股处于一波快速下跌走势后的相对低位区，此时盘整走势中出现的实体较长的大阳线往往是市场多方力量有反击意图的体现。

第五节　涨停板的陷阱

在国内的股票市场的交易制度中，有限制股价当日涨跌幅度的涨跌停板制度，这种涨跌停板制度多出现在新兴的股票市场中，主要是用于防范可能出现交易价格的暴涨暴跌、投机过度等现象。然而，在国内的股票市场中，涨跌停板虽然较好地发挥了这一作用，但它也可以说是一把"双刃剑"，因为涨跌停板特别是涨停板，它们的出现往往会极大地影响到投资者情绪，当股票涨停后，持股者看到充足的买盘力量，便会提高心理预期，从而选择在更高的价位卖出，而对于想买的人来说，也因为受到了个股强势涨停的心理影响，担心在低位无法再买到，也会加强看好股票的决心，不惜在更高的位置追高买进。涨停是个股强势上涨的信号，跌停则是个股抛压极为沉重的表现，如果说跌停板上的抛压较为真实的话，那么，涨停板所体现出来的买盘力量却未必真实，由于涨停板可以极大地激发散户投资者的做多热情，因此它常常成为主力制造市场人气、对散户投资者进行诱多的手段，主力诱多的目的自然是利用涨停板所产生的良好市场氛围而进行逢高减仓或大力出货的操作。之所以说涨停板很可能是主力诱多的手段，细心的投资者不妨自己做个统计，据笔者统计数据来说，一只个股在跌停之后，其短期内继线性下跌的概率可以达到90%以上，然而，一只个股在涨停之后，其短期再度上涨的概率只有50%左右。下面我们就结合实例来看看如何识别涨停板下的诱多陷阱，又如何有效地规避这些涨停板陷阱。

图4-8为广汽长丰（600991）2009年3月31日至9月1日期间走势图，此股在一波快速上涨走势后，于是相对高位区出现盘整震荡走势，随后在盘整震荡走势后的相对高点位出现了一个放量涨停板，给人的直观感觉就是此股将要突破上行。涨停板是个股强势上涨的体现，而且涨停板往往也是主力做多意愿强烈的体现，从图中右侧此股当日的分时线形态中也可以看到，此股当日的分时线运行呈强势状态，在收盘前半小时牢牢地封于涨停板，那么，这一涨停板是否真的代表了此股将要突破上行呢？

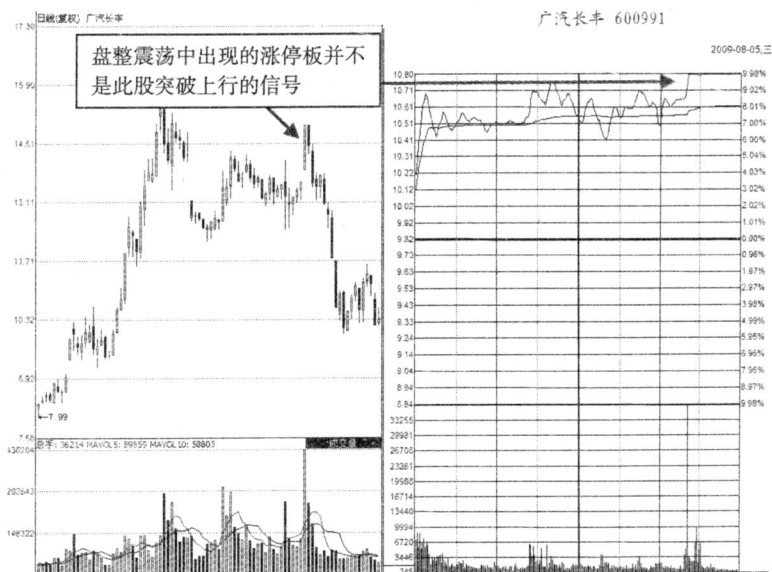

图4-8 广汽长丰涨停板假突破示意图

解读个股的涨停板是否具有突破上行的市场含义时，我们可以从三点着手：一是关注涨停板所出现的位置区间；二是关注涨停板出现的原因；三是关注涨停板前后的量能变化情况。对于第一点来说，涨停板出现在一波深幅回调走势后或是低位区的长期盘整走势后，往往是个股短期内上涨动能充足的体现，也是主力短期内做多意愿较为强烈的体现，此时，它具有明确的看涨含义。一般来说，投资者可以据此进行追涨买入操作，此时的涨停板基本不会是主力诱多而制造的陷阱；反之，若是涨停板出现在明显的高位区或是高位震荡走势中时，其所具有的强势上涨含义就要大为减弱。对于第二点来说，涨停板的出现既有可能是上市公司利好消息所致，也有可能是政策面、行业面等利好消息所致，当然，绝大多数涨停板出现的原因还是主力控盘所致。可以说，在排除了消息面的前提下，我们基本可以认为涨停板就是隐匿在个股之中的主力资金所促成的。对于由主力资金推动所促成的涨停板，我们应结合主力的控盘过程来理解这一涨停板所具有的含义，在主力建仓、拉升阶段出现的涨停板是主力强力买入、做多意愿坚决的体现，但是出现在主力拔高、出货阶段的涨停板往往就是主力诱多的手段了。对于第三点来说，通过涨停板前后的量能变化，我们可以了解到此股的涨停板走势是否是源于主力对倒所致、主力当前的控盘力度如何、涨停板出现当日的市场抛压大小等信息，缩量涨停多是市场抛压较轻、主力控盘能力较强的体现，是个股短期内仍将强势上涨的信号，反之，若是在涨停前后出现的较为明显的脉冲型放量形态，则这多是主力对倒的操盘手法所致，主力对倒的目的多是制造氛围、诱多出货，因此个股短期内的走势一般是不容乐观的。了解了这三点，我们对于此股的分析就有了着手点，让我们再回到此股中来，看看它的这个涨停板具有什么样的市场含义。

从图 4-8 中可以看到，此股的涨停板出现在快速、大幅上涨后的高位横盘震荡区，且涨停板出现前后的量能形态呈脉冲型（这一量能形态或者体现了短期内的市场抛压沉重这一含义，或者体现了主力对倒拉升这一含义），当日此股的这一涨停并非由消息驱动所致，它的出现完全是主力推动所致。通过这几点，我们基本可以认为此股的这一涨停板形态并不是主力强势做多的体现，它反而很有可能是主力对倒拉升诱多的体现，而主力对倒的目的是为了逢高减仓，因此这个涨停板是一个明显的涨停陷阱，如果投资者当日或次日追涨买入此股，就会面临着短期套牢的不利局面。

图 4-9 为抚顺特钢（600399）2008 年 5 月 9 日至 9 月 4 日期间走势图，此股在下跌途中的一波快速反弹后的相对高点出现了一个明显的放量涨停板，当日此股的量能放大异常，即使前期盘整走势中的全部短期获利盘悉数抛出，也难以制造出如此巨额的量能，这是明显的脉冲放量形态，主力在其中的对倒手法是显而易见的。或者我们也可以换个角度思考一下，既然此股在这一反弹后的相对高点位出现了如此异常放大的量能，那么，要是此股随后继续强势上涨，那它的量能还应再度放大（毕竟放量上涨才是最为常见、最为健康的上涨方式），然而，在如此天量的基础之上，再度放量几乎是不可想象的。通过分析，我们可以认为这是一个明显的涨停陷阱，是主力在反弹后的相对高点位诱多的操盘手法体现。

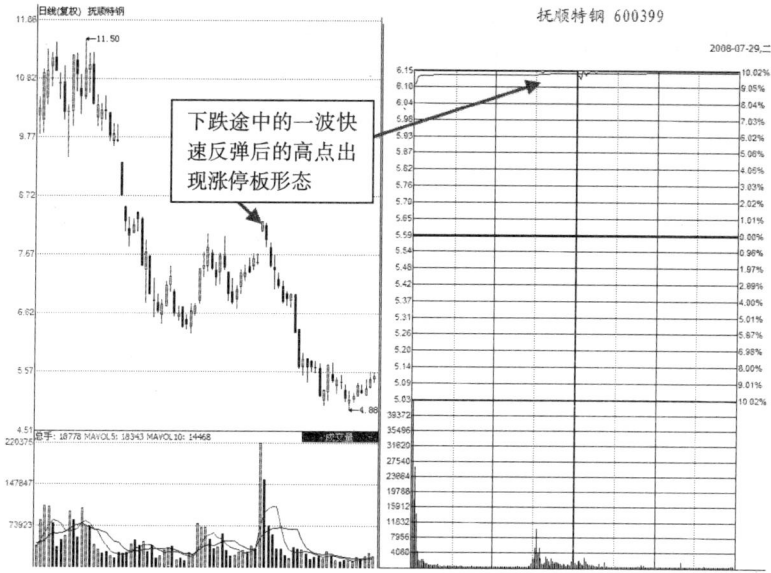

图 4-9 抚顺特钢反弹走势中涨停板示意图

第二篇　纸上得来浅，此事要躬行

——操盘综合实战篇

导读

良好的操盘技术不仅需要足够的操盘知识来支撑，还需要有丰富的实战经验来完善。在实盘操作中，我们要灵活地应对不同的行情、不同类型的个股。本篇中，我们将以不同行情、不同类型的个股为背景进行实盘讲解，力求使读者可以更好、更全面地展开实盘操作。

第五章　低买高卖的操盘高招

"低买高卖"与"涨头跌卖"是两种完全不同的操盘策略，对于短线操作来说，低买高卖是获利之道，但是对于中长线操作来说，涨头跌卖往往才是获利之道。本章中我们首先来看看低买高卖这种操盘方式，下一章中我们再来介绍涨头跌卖这种操盘方式。

第一节　什么是低买高卖

股票投资之道是什么？一直以来大多数投资人的回答是：低买高卖。所谓低买高卖是指在股价相对的低位区买进，随后当个股上涨之后，于相对的高位区卖出，即"先低买，再高卖"的操作顺序。参与股票交易的投资者都知道低买高卖才是股市的获利之道，这种获利方法源于国内股市只做多、不做空的获利机制，低买、高卖这看似两个相对简单的操作，实则蕴涵了无穷的奥妙，它也是股市中各种分析方法的终极目标。

有一些事情看起来简单，但做起来很难。只要入市几年的人，都有一套自己的操作方式，谈起低买高卖的方法时，往往也是头头是道，然而这些看似可行的方法，却往往难以在实盘操作中得以应用。理论是一回事，实战又是一回事，很多投资者对"低买高卖"的理解仅仅局限于理论的介绍，例如，崇尚价值理念的投资者往往会有这种信念，即在股票有投资价值的时候进行买入，耐心持有，一直到股票价格明显高于其价值时再卖出，这种投资理念就体现在巴菲特和格雷厄姆身上，他们认为股票（确切地说是它背后的实体公司）具有内在价值，当价格低于内在价值就应该买入并持有，等到价格明显高于内在价值了，则逢高卖出；然而，什么时候是股票有投资价值的时候呢？当股市于2007年10月份步入6000点时，几乎绝大多数的券商、专业股评人士都认为国内的蓝筹股仍然具有明显的投资价值，但是真正的实际情况却是这些所谓的有投资价值的蓝筹绩优股却在2008年的大熊市当中跌去了七八成的价格。又如崇尚技术分析的投资者，多会选择在股市短期处于超卖状态时逢低买入个股，并在个股短期内处于超状态时进行卖出，这种看似正确的操盘手法却也有着明显的先天缺陷，即当个股处于明显的超卖状态时，我们常常会发现个股往往是拒绝回调，仍然强势上涨，反之，当个股处于明显的超买状态时，我们也会发现其仍然是跌个不停，完全没有反弹上涨的迹象。

　　什么是低？什么是高？高和低是相对的，所以我们看到最多的情景是当市场下跌了很长一段时间或者很大的幅度的时候，此时的价格相对于以前是低了很多的，所以我们常常会去买入，因为目前的市场价格已经很便宜了。例如，一只股票，原来60元/股，后来一路下跌到40元/股，这是一只绩优股，20元的跌幅并不算小，此时，一些有强烈"抄底"意愿的投资者很可能就会买入了，然而，买了之后，它又一路下跌到30元，你又加买了一些，但是几个月后，它跌到了20元、10元，此时，在这种疯狂的下跌走势中，你再也没有把握预测它的底部区在哪里了，也不再盲目地补仓了，最后此股跌到了6元区才见底，在这种巨大的跌幅下，估计关注此股的投资者早就在前面的下跌途中用光了所有可以补仓的"子弹"了，当此股的真正低点出现时，投资者也是心有余而力不足了（注：这种走势就体现在西部矿业（601668）及中国铝业（601600）2008年的下跌走势中）；反之，当市场已经持续上涨了一段很长的时间和有了较大的涨幅的时候，我们又不敢去买入，而是观望甚至于卖出。可以说，低买高卖这种操盘方式，看似简单，然而它却是"知易行难"的问题，低点之后往往还有更低点，高点过后往往还有更高点，仅凭理论的介绍，我们是无法在交易中实现低买高卖的。依据笔者对于"低买高卖"的理解，我们更应在实战中结合具体的情况来灵活地掌握它，而不是局限于条条框框的理论介绍，只有这样，我们才能从容地应对市场可能出现的各种变化，也只有这样，我们才能真正地掌握低买高卖操盘技术的精髓。

　　图5-1为中国铝业（601600）2007年8月8日至2008年11月25日期间走势图，此股在2007年10月达到历史最高点60元上方，随后，此股就开始了漫长的下跌走势，如果不是从事后的角度来看它，我们又有谁能想到它要在跌去了九成之后才真正地出现低点呢？

第二节　何时展开低买高卖

　　通过上一节的分析，善于分析的读者会发现：低买高卖的操盘方式并不适合用于一轮上升趋势或下跌趋势的运行过程中，因为，此时的低买高卖操盘思维方式将迫使我们一次次地主观臆断股价的高点在何处（上升趋势中），低点

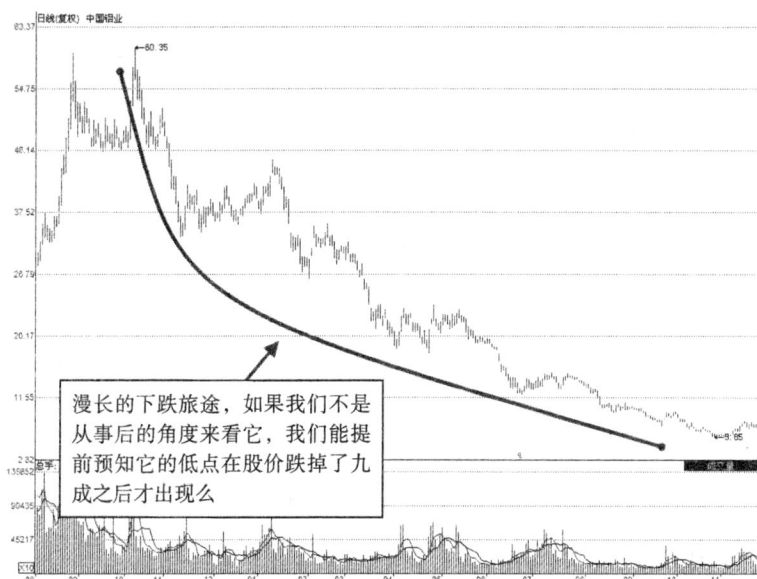

漫长的下跌旅途，如果我们不是从事后的角度来看它，我们能提前预知它的低点在股价跌掉了九成之后才出现么

图 5-1　中国铝业 2007 年 8 月 8 日至 2008 年 11 月 25 日期间走势图

又在何处（下跌趋势中）。上升趋势中主观的预测高点在何处与下跌趋势中主观的臆断低点在何处，都将使我们的操盘思维偏离股市的实际运行情况，而股市的运行是不以我们的意志为转移的，当你觉得股价很高时，并不代表它的顶部已经出现，反之，当你觉得股价已经很低时，这也未必就是它的底部。盲目地主观臆断高点与低点，就是脱离了实际情况的"堂·吉诃德"式的行为。

既然低买高卖并不适用于我们的中长线操作，那么，将它用于价格的短期震荡之中是否合适呢？答案是肯定的。这也正是低买高卖操盘方式的核心，即这种思维方式、这种操盘方式更适用于价格的震荡走势中。在个股的震荡走势中，我们可以较为容易地利用各种技术分析方法来判断出股价波动过程中的相对高点与低点，从而切实可行地展开真正短线意义上的低买高卖操作。

图 5-2 为绿景地产（000502）2008 年 2 月 14 日至 2009 年 8 月 31 日期间走势图，此股在深幅下跌之后出现了反转走势，但这种反转走势并不等于此股随后就步入了明显的快速上升通道中，此股在反转走势时出现了宽幅震荡形态，这说明市场多空双方的交锋较为剧烈，并不存在某一方明显占优的情况，因此我们可以预计此股随后的走势仍将延续这种宽幅震荡形态。在这一背景之下，我们就可以利用低买高卖的操盘方式来展开短线操作了。如图 5-2 所示，我们可以利用同期的大盘走势情况、板块走势情况、量能变化形态等多种信息来把握价格一波反弹上涨后的相对高点及一波回调下跌后的相对低点，即主要利用技术分析手法来把握价格波动过程中的高点位与低点位，进而通过低买高

卖的方式实现短线获利的目的。

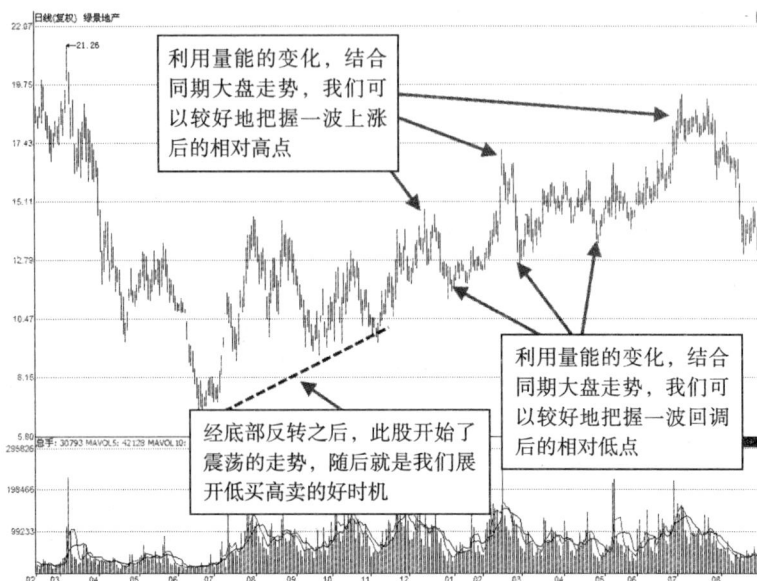

图5-2　绿景地产震荡走势中低买高卖示意图

第三节　低买高卖操盘实战

低买高卖的操盘方法其核心就在于利用量能形态、价格走势、技术指标、盘中分时线等技术数据来把握价格波动过程中的相对高点与低点。一般来说，当个股处于稳健、持续的上升走势或是下跌走势中时，只要这种向上或向下的运行趋势并没有通过盘面数据、形态等表现出来时，我们更应选择的是顺势而为的中线操作策略，而不是这种低买高卖的短线操作策略。

图5-3为陕天燃气（002267）2009年1月6日至2010年2月9日期间走势图，此股在持续上涨的途中出现了较长时间的盘整走势，这使得此股原有的上升形态已被打破，这往往预示着多方力量已不再完全主导市场，此时，我们就应留意个股可能会在此区间出现的宽幅震荡走势。图中标注了三个点，其中的"点1"与"点3"为相应的高卖点，"点2"则为相应的低买点，下面我们来分析一下如何在实盘操作中把握个股震荡过程中的这几个低点与高点。对于"点1"来说，它出现在此股较长盘整走势后的突破位置区，此时，我们分析的关键点在于要判断出这种突破是个股继续强势上涨、再次步入上升通道的信

号，还是引发个股回调走势的假突破信号。从"点1"的量能形态来说，我们可以看到突破时的量能是几倍于常量的，而且量能呈现出脉冲形态（并不具有连续放大的持续效果），这种异乎寻常的放量及脉冲式的形态说明这种突破并非源于充足买盘涌入推动所致，它更是主力对倒拉升手法的一种体现，而且，这种突破时的量能异常的放大也可以看做是此股抛盘数量极多的表现。通过分析，我们可以认为这种突破是一种高位盘整后的假突破，它并非是个股短期内仍将强势上涨且步入上升通道的信号，于是此点位是我们短期卖出的相对高点。

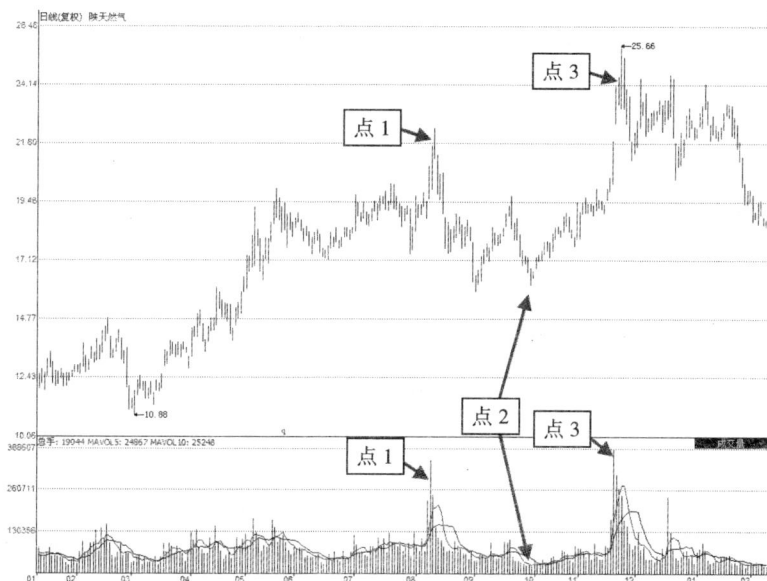

图5-3　陕天燃气低买点与高卖点示意图

我们再来看看"点2"，"点2"出现在此股回调走势后的二次探底形态中，对于点位2来说，它处于个股盘整走势中的相对低点，但这种形态上的相对低点并不是我们买入此股的充足理由，因为从中长线角度来说，点位2仍处于中线角度上的高位区间，我们可以在点位2买入此股的充足理由应是：此股阶段性的抛压明显减轻、空方力量处于短期内的枯竭状态。只有当个股在点位2上呈现出了这样的市场含义时，我们才可以较有把握地认为此股随后将在多方力量的反攻下出现一波强势反弹上涨走势。那么，点位2是否蕴涵了这种市场含义呢？答案是肯定的。它的技术分析依据就是：此股在点位2上出现了明显的回调走势中的二次探底缩量形态（即个股在一波深幅回调走势后的相对低位区，出现了两次探低的走势，并且在第二次下探至相对低点时，我们可以发现它这时的量能要明显小于前一次探至这一低点时的量能），这种二次探底时的缩量形态出现在个股深幅回调走势后，是短期内市场抛压骤减、做空力量消失的体现，也自然是个股一波反弹上涨走势即将出现的信号，因此是我们低买的时机。

对于点位 3 来说，判断这一点位为相对高点的依据与判断点位 1 时的依据基本相同："量能的脉冲形态及短期内的快速上涨形态"是个股阶段性高点出现的明确标志。

图 5-4 为保利地产（600048）2008 年 12 月 19 日至 2009 年 9 月 1 日期间走势图，此股在持续上涨后的相对高位区出现了"放量滞涨"形态，上升途中出现的量能放大形态往往是买盘持续涌入的信号，由于买盘的力道强于卖盘的力道，因此在量能的放大形态下，个股多会以上涨的走势呈现出来。但有的时候情况却不是这样，即放大的量能却无法推动价格上涨，这多是卖盘力道强于买盘力道的体现，当这种情况出现在个股上升途中的相对高位区时，往往预示了短期内的一波回调走势即将出现，是我们高点卖出的信号。

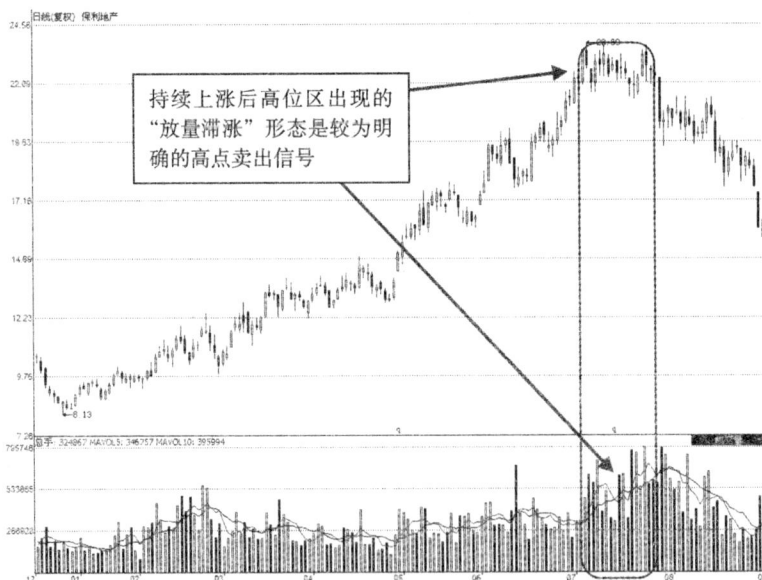

图 5-4 保利地产上升途中放量滞涨高点卖出示意图

图 5-5 为维维股份（600300）2009 年 2 月 10 日至 6 月 5 日期间走势图，此股因公布了 10 股转增 12 股的高送转方案而受到主力资金及市场投资者的追捧，从而出现了快速上涨走势。一般来说，这种快速上涨走势往往可以持续到此股真正实施高送转方案时的除权日之前，对于本例来说，我们可以看到此股在除权前出现了快速上涨走势且在这一波的快速上涨走势的末期出现了二次探

顶的形态，此时即是我们短期逢高卖出此股的明确信号。利用此股的高送转方案并结合高送转方案除权前的走势，我们就可以较好地把握这类个股的相对高点位。

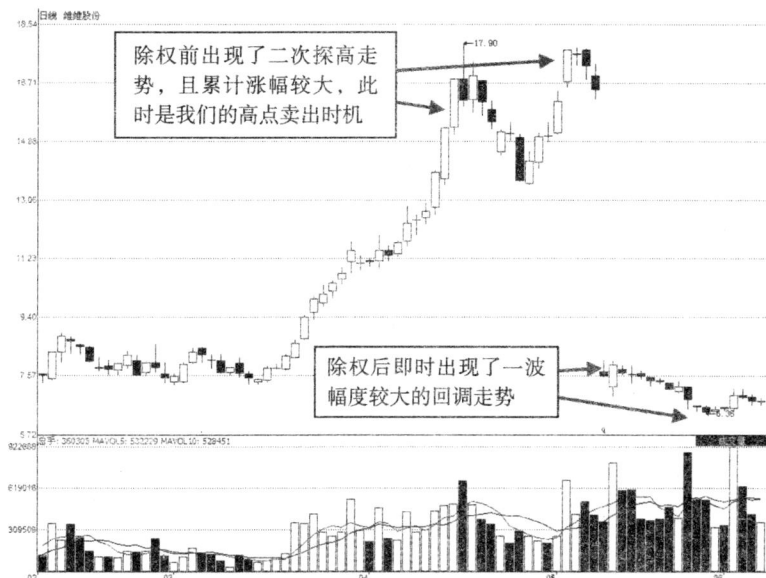

除权前出现了二次探高走势，且累计涨幅较大，此时是我们的高点卖出时机

除权后即时出现了一波幅度较大的回调走势

图 5-5　维维股份除权前的高点卖出示意图

第六章 涨买跌卖的操盘高招

涨买跌卖是一种操盘策略，它与我们常说的"追涨杀跌"含义相近，但理念却完全不同（明晰一种理论的时候，我们首先要理清概念，我们用"涨买跌卖"来指代本章中我们将介绍的操盘方法，而用"追涨杀跌"指代股市中默认的不理智的投资行为）。我们平常在用"追涨杀跌"这个词的时候往往指代散户投资者的盲目跟风行为，毫无疑问，这种没有目的性、仅仅依据价格的上涨或下跌而跟风操作的行为必然要使自己处于一种较为被动的局面下，这种在情绪作用下的追涨杀跌操作方式与我们本章中所要介绍的涨头跌卖的操盘方法是完全不同的。本章中所讲解的涨买跌卖可以看做是一种顺势而为的中长线操盘方式，这种操盘方式与上一章中所讲的低买高卖的方式互为补充，它们是一对有机组合，只要投资者可以灵活运用，就可以游刃有余地在股市中展开交易。

第一节 什么是涨买跌卖

在介绍涨买跌卖的具体含义时，我们首先来看看散户投资者在股市中惯有的追涨杀跌过程。散户投资者在实盘操作中往往会不自觉地采用追涨杀跌的操作，但是这种追涨杀跌的操盘方式却每每使投资者误入套中或出现低位割肉的不利局面，原因是什么呢？其实，散户投资者的这种追涨杀跌行为完全是基于其心态的变化，而不是对股市走势的研判。强势上涨的个股会令持有此股的投资者热血沸腾、令未持有此股的投资者心痒难受，当投资者看到个股大买盘不断涌现、强势上涨时，往往就会认为此股多方力量极为强大，若此时投资者自己手中持有的个股却潜伏不动，则投资者自然就会有一种想换股的念头，于是在追涨情绪的促动下，买入此股。但是这种追涨买入操作由于不是基于理性的分析，而仅仅是一时情绪的冲动，在买入后若股票稍有下跌就会胆战心惊，因此，当随后个股出现下跌走势时，投资者马上就会对自己前期的操作产生怀疑。随着股价的继续下跌，投资者意识到自己可能完全错了，于是又在匆忙中抛售掉了手中的个股。这就是散户投资者在进行追涨杀跌操作时的典型心理过程，这种追涨杀跌的操作完全是投资者基于情绪的带动，而非源于理性的分析，这种操作带有极大的盲目性与运气性，这是中小散户的通病，这也是为什么我们会赔钱的根本原因。

"涨买跌卖"这个概念看似是对"追涨杀跌"的另类阐述，但是两者却存在根本的不同之处。要想更好地理解涨买跌卖，我们要先来回顾一下上一章中所介绍的低买高卖的操盘方法。所谓低买高卖是指投资者在通过分析研判价格走势的基础之上而采取的短线波段操作策略。然而，低买高卖操作中的最大难点在于"低点"是相对的低点，"高点"也是相对的高点，低点与高点的位置不是固定的，有的个股在震荡过程中价格逐波走高，它的高点会一次高于一次，低点也会一次高于一次；反之，也有的个股处于箱体震荡走势中，它的低点与高点基本与前期的位置持平。可以说，低买高卖需要投资者对低点、高点有一个较为准确的把握，而这种操盘方法成功的根源在于投资者有较为高超的技术分析能力。低买高卖是短线交易的必须手段，但是什么是高？什么是低？那是根据短线交易者的盘感和经验来判断的，是一种长期训练的结果，这对于普通投资者来说是较难的。

然而，涨买跌卖却完全不同，它并不需要投资者有过人的技术分析能力，因为涨买跌卖是一种顺势而为的操盘策略，什么是涨势、什么是跌势，我们可以从移动平均线的形态、MACD 与零轴之间的位置关系等中一目了然，可以说，一轮趋势的运行状态往往是以清晰直观的方式呈现在我们眼前的，且趋势的持续时间较长、持续力度较大，投资者越有充足的时间与空间来实施这种涨买跌卖的操作，即当价格步入升势后，只要趋势的上升形态仍旧良好，则我们完全可以顺势追涨买入，并耐心持股，直至上升趋势发出了明确的反转信号为止；反之，当价格步入下跌趋势后，只要趋势的下跌形态没有变化，则我们就不可急于入场，对于那些手中仍持有个股的投资者来说，一旦发现下跌趋势将现或出现，即使个股处于一波回调后的相对低点，也应在第一时间内抛售手中的个股。

由此可见，涨买跌卖完全是一种中长线顺势而为的操作策略，它的核心思想就是基于道氏理论中对于趋势运行规律的论述。道氏理论认为趋势具有明确的运行方向、持续时间长、累计涨跌幅度大，而运用涨买跌卖的操盘方法可以使我们从一个中长线的角度来操盘个股，既可以成功地捕捉到牛市行情，也可以积极地规避熊市行情。涨买跌卖操盘方式的精髓在于它并不关心当前的价格是处于局部阶段中的相对高位区，还是相对低位区，它跳出价格的局部波动走势，以一种中长线的眼光来看待价格的发展趋向，因为"低点过后还有更低点，高点过后仍有更高点"。能够真正在实盘操作中运用涨买跌卖的高手在趋势不明朗时会坚决地持币观望，在趋势未发出明确的转向信号时也会坚定地依据原有思路采取持股不动的策略（上升趋势中）或是持币观望的策略（下跌趋势中）。例如，当个股处于横盘震荡走势中时，无论这种横盘震荡走势是处于上升途中还是处于下跌途中，它都打破了原有的运行趋势，此时，是原有趋势仍将持续运行，还是趋势即将反转，也许我们难以判断，在这样一种情况下，涨买跌卖的高手并不在意价格在横盘震荡过程中所频繁出现的短线机会，他们知道，若随后个股步入跌势，那么，这种多次的短线交易所获得的利润也许会没于随后的一次亏损；反之，如果个股随后步入升势，那么，这种多次的短线交易所获得的利润将远不及一次中长线交易的获利。

无论是"低买高卖"还是"追涨杀跌"，都是一种理念容易理解，实盘操作较难的方法，对于普通的散户投资者来说，要想很好地掌握低买高卖的操盘方法，需要有较高的技术分析能力及严格的操盘纪律。高超的技术分析能力保证我们可以买在价格波动中的相对低点，并卖在价格波动中的相对高点，严格的操盘纪律则保证我们可以在出现判断错误码的时候可以最大限度地规避风险、保证本金的安全。而要想真正掌握好涨买跌卖的操盘方法，我们更应克服心态的起伏，因为个股在上升趋势中会多次出现明显的回高走势，如果我们对于自己没能在回调前的相对高点卖出而懊悔不已，随后我们就很难有坚定的持股做多行为。同样，个股在下跌途中也会多次出现反弹走势，如果我们责怪自己为何没能把握好反弹前的抄底时机，则我们随后也不会有坚定的做空行为，一旦我们的心态发生了变化，我们就无法在上升趋势中赚取最多的利润，也难以在下跌趋势中很好地规避风险。专业的交易者都起码需要三年以上的实战经验，这种实战经验既是对技术的锤炼，也是对心态的磨炼。

第二节　何时展开涨买跌卖

低买高卖讲究的是顺势而为，这里所说的"势"是指价格的整体运行趋势，因此只有当一轮上升趋势或下跌趋势发出了明确的信号时，我们才应顺应趋势、展开操作。当上升趋势出现时，此时的个股价位、指数点位往往也是局部性的相对高点，我们不必介意没有买在前期的最低点，因为我们不是市场超人，也没有未卜先知的本领。上升趋势开始后，其后期的上涨空间仍然巨大，此时买入，仍然可以分享后期持续上涨所带来的丰厚收益。当下跌趋势出现时，此时的个股价位、指数点位自然不会是顶部区的最高位置区，我们也不必在意没有卖在高点、没有使自己的收益最大化，由于下跌趋势开始后，市场后期的下跌空间仍然巨大，因此此时卖出，我们不仅成功地保住了牛市的成果，也最大限度地规避了后期跌势所带来巨大风险。通过以上分析可知，涨买跌卖的最佳时机出现在一轮趋势初步形成的时候，除此之外，在一轮趋势的持续运行过程中，也是我们实施涨买跌卖操作方法的较好时机，此时虽然买得较高、卖得较低，但随着趋势的持续，我们既可以在更高的点位卖出获利（上升趋势中），也可以规避随后价格继续下跌所带来的风险（下跌趋势中）。

　　图6-1为上证指数2005年7月14日至2006年6月2日期间走势图，此股在经历了2005年之前漫长的下跌走势及较长时间的低位区盘整走势后，开始突破盘整区向上运行，图中标注了两个点位，分别是"点1"和"点2"。在"点1"的位置上，我们可以看到股市开始突破低位区的盘整区间，这是上升趋势初露端倪的体现，但此时我们还很难判定这种突破仅仅是一时性的偶然性突破，还是具有趋势反转意味的实质性突破，对于采用涨买跌卖操盘策略的中长线投资者来说，此时最好的策略就是少量仓位跟进，耐心观察股市在突破后的走势。如图6-1所示，股市在突破后维持了强势震荡运行格局，随后继续上涨，进入了点位2所在位置区域，此时的上升趋势已经完全形成，均线的多头排列形态也是清晰可见，对于采用涨买跌卖操盘方式的投资者来说，此时就可以重仓跟进了。

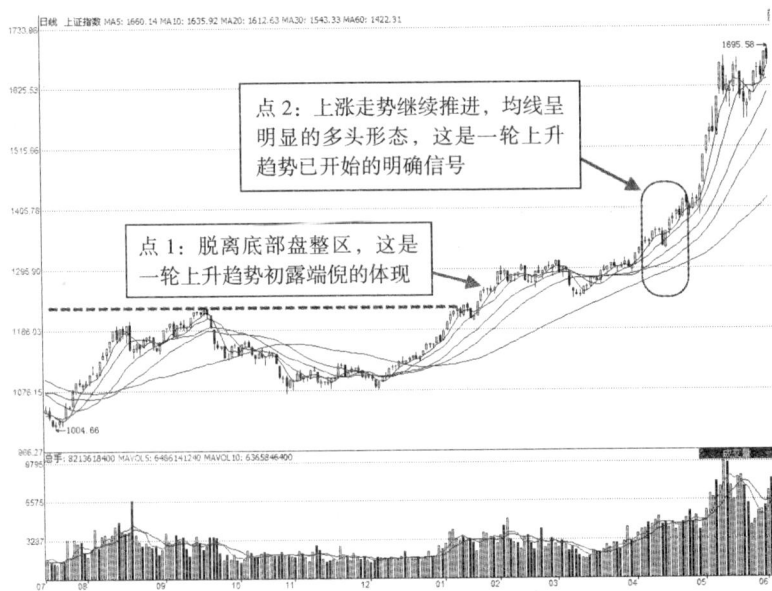

图6-1　上证指数"涨买"操作示意图

　　通过对于本例的分析，我们可以发现，如果仅从本图的这种局部走势中，无论投资者是在点位 1 处进行买入，还是在点位 2 处进行买入，其所买的点位都是阶段性的高点，这也正是涨买跌卖操盘方式的核心理念，即涨的才买，而且涨势越明显则买的也越多。这种买涨不买跌的操作方法看似是提高了投资者的持仓成本，然而，从中长线的角度来看，投资者的持仓成本仍然是较低的。图 6-2 为上证指数 2007 年 6 月前走势图，图中标注了图 6-1 中的"点 1"及"点 2"所在位置区，可以看到，随着上升趋势的持续运行，如果我们可以在"点 1"与"点 2"处买入的话，那我们的中长线获利是极为丰厚的，站在中长线的角度上来理解价格的走势，从而展开"只买涨、不买跌"的策略正是涨买跌卖的精髓所在。

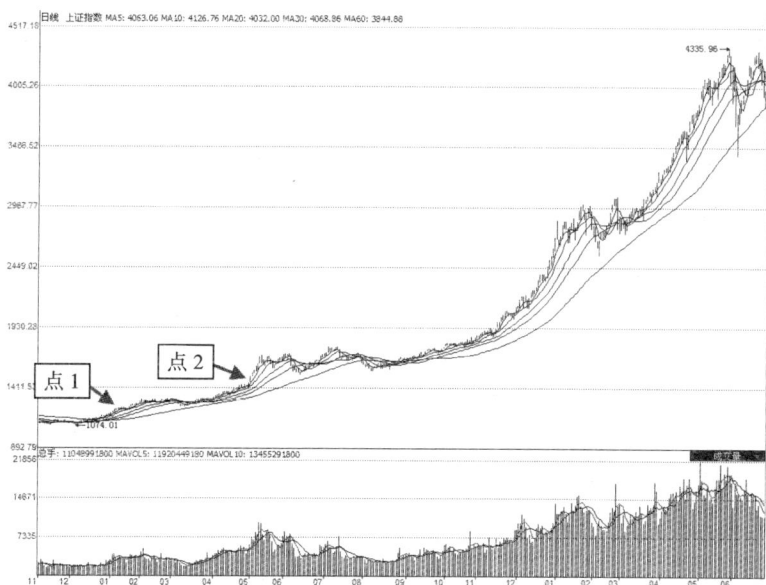

图 6-2　上证指数 2007 年 6 月前走势图

第三节　涨买跌卖操盘实战

　　涨买跌卖实盘操作的关键之处在于对一轮趋势的准确判断，一般来说，我们可以借助于价格的位置区间、移动平均线形态、MACD 指标线形态这三方面来详细分析趋势的运行情况。当个股位于中长期的相对低位区时，这往往说明个股后期的上涨空间较大，多意味着个股有了形成上升趋势的基础条件，反之，当个股位于中长期的相对高位区时，这往往说明个股后期的下跌空间较大，多意味着个股有了形成下跌趋势的基础条件。对于个股的价位相对高低的具体情况，我们可以参照此股以往的估值状态、牛熊交替走势中所出现的顶部区及底部区来综合判断。

移动平均线与 MACD 形态则是从技术的角度着手来分析一轮趋势是否已经展开。对于移动平均线来说，它有两种典型的形态来反映趋势的运行情况，一种为多头排列形态，另一种为空头排列形态。多头排列形态是在整个均线系统中，周期相对较短的均线运行于周期相对较长的均线上方，整个均线系统呈向上发散的形态，这种均线排列形态既体现了市场平均持仓成本的不断提高，也形象直观地体现了市场正处于清晰可见的上升趋势中；空头排列形态是在整个均线系统中，周期相对较短的均线运行于周期相对较长的均线下方，整个均线系统呈向下发散的形态，这种均线排列形态既体现了市场平均持仓成本的不断降低，也形象直观地体现了市场正处于清晰可见的下跌趋势中；当移动平均线在低位区由横向的相互缠绕形态转变为多头排列形态时，多意味着底部盘整走势结束、一轮上升趋势即将展开；当移动平均线在高位区由横向的相互缠绕形态转变为空头排列形态时，多意味着顶部震荡走势结束、一轮下跌趋势即将展开。

对于指数异动平滑平均线来说，MACD 指标线可以很好地反映上升趋势与下跌趋势。当上升趋势出现时，MACD 指标线会运行于零轴上方，这是总体性买盘力量强于总体性卖盘力量的体现，也是上升趋势正逐步展开的信号；当下跌趋势出现时，MACD 指标线会运行于零轴下方，这是总体性卖盘力量强于总体性买盘力量的体现，也是下跌趋势正逐步展开的信号；当 MACD 指标线开始由前期的长期运行于零轴下方转变为向上突破零轴且站稳于零轴上方时，这是跌势转升势的信号，反之，当 MACD 指标线开始由前期的长期运行于零轴上方转而变为向下跌破零轴且固守于零轴下方时，这是升势转跌势的信号。

利用价格的相对位置区间、移动平均线排列形态、MACD 指标线运行形态这三点要素，我们就可以很好地展开涨买跌卖的实盘操作，下面我们结合实例来看看如何进行具体操作。

图 6-3 为中金黄金（600489）2008 年 7 月 3 日至 2009 年 2 月 27 日期间走势图，此股在经历了 2008 年的深幅下跌后，于中长期的明显低位区间出现了止跌企稳的走势，这时的走势虽然预示着个股下跌走势很可能已经见底，但对于涨买跌卖这种操盘策略来说，此时绝不是最佳的买入时机，因为此时的股市并没有出现较为明确的上升信号。如图 6-3 所示，此股在经历了这种低位区较长时间的震荡盘整走势后，开始向上突破，这时的均线系统呈明显的多头排

列形态，而且从 MACD 指标窗口中我们也可以发现，MACD 指标线已由原来运行于零轴下方的状态转而变为运行于零轴上方。综合这几点要素，我们可以客观地得出结论，此股的一轮上升走势即将展开，因此此时即是我们利用涨买跌卖操作策略展开实盘买卖时的绝佳买入时机。

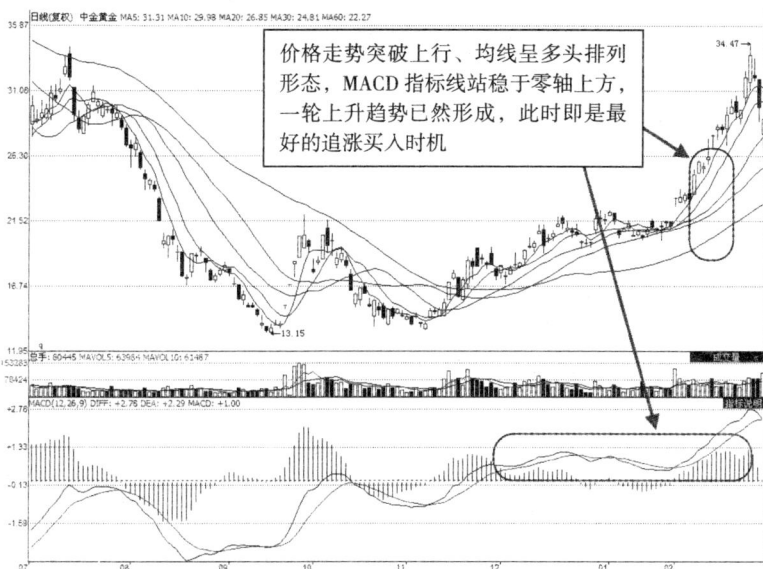

图6-3　中金黄金"涨买"时机示意图

图 6-4 为此股 2009 年 7 月前的走势图，此股在上升趋势形成后就开始一路走高，如果我们可以站在 2009 年 7 月这个时间点来看待此股在 2009 年 2 月份时所出现的"涨买跌卖"策略下的买点就会发现，这一买点的确是底部区的低点，在此点买入可以使我们随后获利甚丰。然而，如果我们站在图 6-3 的局部角度上来看待这一买点就会发现，其实它是处于阶段性的高点位的。可见，涨买跌卖的买卖策略绝不是抄底逃顶的买卖策略，投资者在运用这种买卖策略时，一定要把眼光放得长远一些，买股票就是买未来，如果我们过于关注股价阶段性的高低，我们就容易错过最佳的中长线布局时机。

图 6-5 为大秦铁路（601006）2007 年 5 月 8 日至 2008 年 3 月 12 日期间走势图，此股在经历了 2007 年的持续上涨走势后，于中长期的明显高位区间出现了宽幅震荡且股价滞涨的走势，这时的走势虽然预示着个股上升走势很可能已经见顶，但对于涨买跌卖这种操盘策略来说，此时并不是最佳的卖出时机，因为此时的股市并没有出现较为明确的升势转跌势的反转信号，个股后期仍然有可能在盘整走势后再度步入到上升通道之中，这些是我们无法提前预知

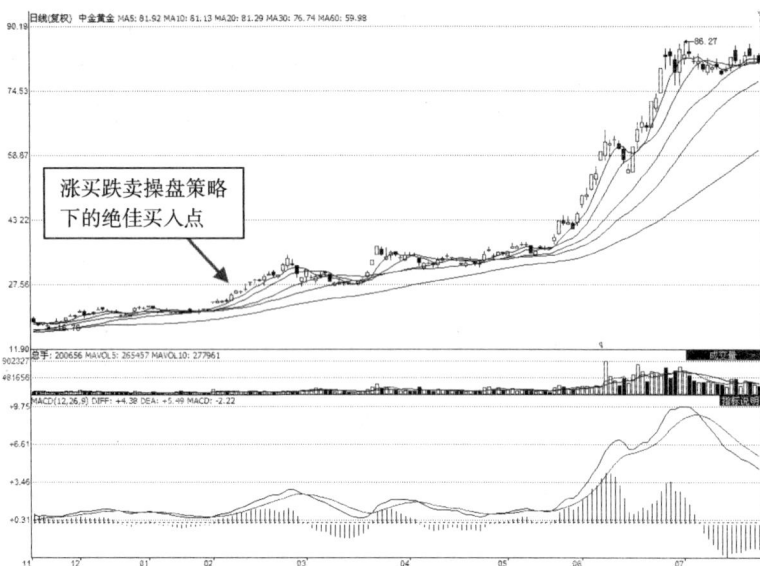

图 6-4 中金黄金 2009 年 7 月前的走势图

的，因此我们不宜过早抛出。但对于稳健的投资者来说，如果在经过详细的分析之后，认为此股见顶的可能性极大，则可以采取逢高减仓的操作策略，但却不宜完全清仓，因为此时的这种清仓的操作方式并不是涨买跌卖操盘方式所提倡的顺势而为的策略，它更像是一种提前预知、逃顶超底的操盘方式。

图 6-5 大秦铁路"跌卖"时机示意图

如图 6-5 所示，此股在经历了这种高位区较长时间的震荡滞涨走势后，开始向下运行，价位也跌破了前期震荡过程中的相对低点，这时的均线系统呈明显的空头排列形态，而且从 MACD 指标窗口中我们也可以发现，MACD 指标线已由原来运行于零轴上方的状态转而变为运行于零轴下方。综合这几点要素，我们可以客观地得出结论，此股的一轮下跌走势即将展开。于是此时即是我们利用涨买跌卖操作策略清仓抛售的最好时机，虽然此时卖出并没有卖在个股的最高点，但是却能让我们最大限度地保留住牛市的获利成果。

图 6-6 为此股 2008 年 11 月前的走势图，此股在下跌趋势形成后就开始一路走低，如果我们可以站在 2008 年 11 月这个时间点来看待此股在 2008 年 2 月份时所出现的"涨买跌卖"策略下的卖点就会发现，这一卖点的确是中长线角度下的一个极高点位，此点卖出，可以让我们最大限度地规避此股随后出现的巨大幅度的下跌走势。然而，如果我们站在图 6-5 的局部角度上来看待这一卖点就会发现，其实它是处于阶段性的低点位的，可见，涨买跌卖的买卖策略绝不是抄底逃顶的买卖策略，投资者在运用这种买卖策略时，一定要把眼光放得长远一些，如果我们过于关注股价阶段性的高低，则将错过最佳的中长线卖出时机，也很可能出现无法保住牛市获胜战果的不利局面。

图 6-6　大秦铁路 2008 年 11 月前走势图

第七章 与趋势为伍——行情操盘技巧

针对不同的价格走势，我们就应有不同的操盘策略，股市变幻莫测，绝没有千篇一律的获利法则可循，为了能在股市中更好地生存下去、把握好各种不同的行情并从中获利，我们就要灵活应对。本章中，我们将结合不同的行情走势来详细介绍操盘技巧。

第一节 支撑位、阻力位的操盘技巧

个股的运行过程往往是以波动的方式呈现出来的，当股价上涨至某一位置区时，由于受到较强的市场获利抛压影响，就会出现一波明显的下跌走势，对于这一位置区，我们可以将其称为阻力区；随后，当股价下跌至某一位置区时，由于受到了多方的有力承接，也会出现明显的反弹上涨走势，这一位置区则是个股的支撑区。能否把握好个股波动过程中的阻力位与支撑位将直接决定着我们短线操作的获利程度，把握好支撑位与阻力位也是我们展开低买高卖短线操盘方式的关键内容。本节中，我们将结合个股的走势来判断如何利用支撑位与阻力位展开实盘操作。

一、阻力位与支撑位出现的原理

要想更好地运用阻力位及支撑位展开实盘操作，我们就要明晰它的形成原理。阻力位与支撑位的出现则是因为受到了供求关系变化的影响，阻力位多出现在一波上涨走势之后，由于股价在短期内出现了一波明显的上涨走势，因受短线获利回吐的影响，或是前期套牢盘急于解套的压力，导致市场的抛压明显强于买盘的力量，由此造成了股价的回落。阻力位出现的具体位置既与个股前期的走势有关，也与当时的大盘走势有关，如果个股处于上升趋势中，则后续出现的阻力位一般要明显高于前期出现的阻力位；反之，在震荡下跌的走势中，后续出现的阻力位一般要明显低于前期出现的阻力位；与阻力位形成的原因刚好相反，支撑位的出现是源于个股在一波快速下跌走势后，当个股经短期的一波下跌达到支撑位时，获利做空者的筹码基本上已清，手中没有了抛盘打压股价的筹码，供应慢慢减少，而做多者正好可以在此位置进行逢低吸纳，形成大量的需求，由于抛压的减轻、买盘力量的增强，导致个股无法再继续下跌，从而出现一波上涨的走势。支撑位出现的具体位置既与个股前期的走势有关，也与当时的大盘走势有关，如果个股处于上升趋势中，则后续出现的支撑位一般要明显高于前期出现的支撑位，这说明未等价格回落至前期低点附近，多方就再次推动价格上涨，这是买盘力量显著强于卖盘力量的体现；反之，在震荡下跌的走势中，后续出现的阻力位一般要明显低于前期出现的阻力位，这说明当价格回落至前期低点位时，仍然有大量的卖盘涌出，而买盘却无法有力承接，这是市场中卖盘力量显著强于买盘力量的体现。

二、利用阻力位与支撑位识别趋势的运行状态

短线的操作策略离不开我们对于价格中长期走势的判断，首先，我们来看看如何利用支撑位与阻力位判别市场的大趋势。

价格以波动的方式行进，上升趋势就是一个"一峰高于一峰，一谷高于一谷"的运动过程，此时，个股的阻力位与支撑位会依次上行。如果我们将个股上涨过程中每一次较大幅度回调后所形成的支撑点进行连线的话，就会得到一条支撑线，一般来说，这条支撑线会对个股的震荡上涨构成有力的支撑。此外，我们还可以将个股上升过程中每一波快速上涨走势后相对高点进行连线，从而得到一条阻力线。支撑线与阻力线之间的"轨道"，即是此股的上升通道。

下跌趋势就是一个"一峰低于一峰，一谷低于一谷"的运动过程，此时，个股的阻力位与支撑位会依次下行。如果我们将个股下跌过程中每一次较大幅度反弹后所形成的阻力点进行连线的话，就会得到一条阻力线，一般来说，这条阻力线会对个股的反弹上涨构成有力的阻挡。此外，我们还可以将个股下跌过程中每一波快速下跌走势后相对低点进行连线，从而得到一条支撑线。支撑线与阻力线之间的"轨道"，即是此股的下跌通道。

支撑位、阻力位操盘技巧 1

当个股处于上升趋势中时，一波回调走势使得其回落至支撑线附近时，是中短线的布局买入时机；反之，当个股处于下跌趋势中时，一波反弹上涨走势使得其涨至阻力线附近时，是反弹行情中的绝佳卖出时机（注：在上升趋势中一般不利用阻力线来卖出个股，因为上升趋势中阻力线的角度变化较快，不如支撑线的角度稳定；同理，在下跌趋势中一般也不利用支撑线来买进个股，因为下跌趋势中的支撑线角度变化较快，不如阻力线稳定）。

图 7-1 为兴业银行（601166）2008 年 10 月 15 日至 2009 年 7 月 22 日期间走势图，当此股开始步入升势后，我们基于此股的震荡走势，对其画出一条支撑线，这条支撑线对我们展开实盘操作具有较强的辅助作用，当价格经一波回落至支撑线附近时，就是我们中短线布局买入此股的绝佳时机。

价格回落至支撑线附近时，是绝佳的买入时机

图 7-1　兴业银行上升趋势中支撑位买入示意图

图 7-2 为西部矿业（601168）2007 年 12 月 5 日至 2008 年 10 月 20 日期间走势图，当此股开始步入跌势后，我们基于此股的震荡走势，可以对其画出一条阻力线，这条阻力线对我们展开实盘操作具有较强的辅助作用，下跌趋势中，若我们参与了博取反弹行情的操作，则当价格反弹至阻力线附近时，就是我们短期卖出此股的强烈信号。

三、把握阻力位与支撑位的相互转化

上升趋势持续时间久了、累计涨幅大了，往往就会步入到见顶阶段，此时，原有的支撑线所在位置区就会逐步转化随后股价反弹时的阻力位；反之，当下跌趋势步入到见底阶段后，原有的阻力线所在位置区间往往就会转化为个股随后上涨走势中的支撑位，当支撑位与阻力位在高位区或低位区出现这种明显的转化时，我们就要留意个股即将出现的趋势反转走势了。

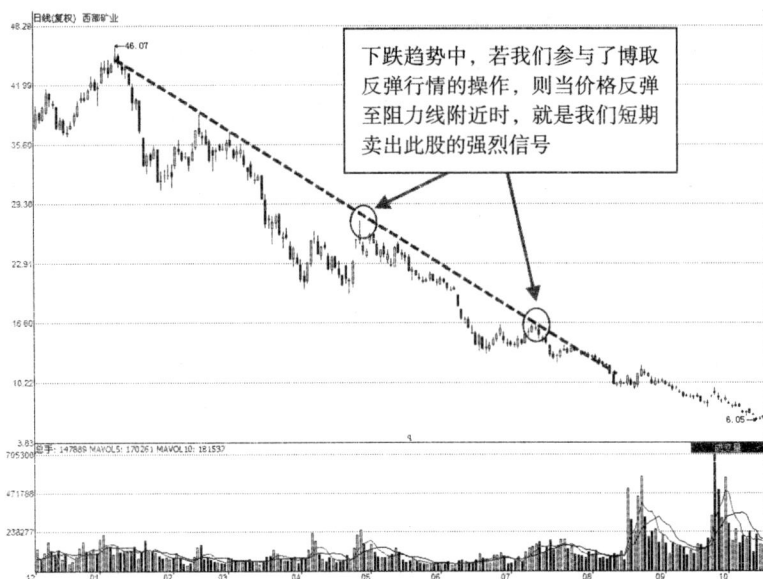

图 7-2　西部矿业下跌趋势中阻力位卖出示意图

支撑位、阻力位操盘技巧 2

当个股在持续上涨后的高位区出现支撑位转化为阻力位时，或是在持续下跌后的低位区出现阻力位转化为支撑位时，我们就要留意趋势可能出现的反转走势。

图 7-3 为支撑位转化为阻力位示意图，从图中可以清晰地看到个股在每一次跌破原有的支撑线后，这条支撑线所在位置就变转化个股随后反弹上涨时的阻力位。图 7-4 为阻力位转化为支撑位示意图，从图中可以清晰地看到股价在每一次突破原有的阻力线后，这条阻力线所在位置就变转化个股随后回调下跌时的支撑位。

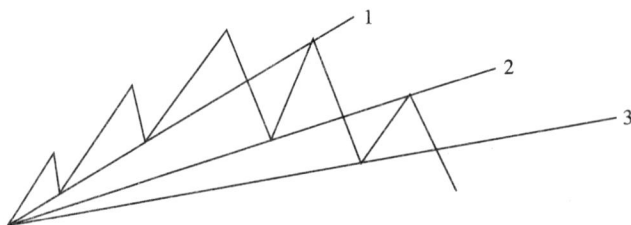

图 7-3　升势转跌势时原有的支撑位转化为阻力位示意图

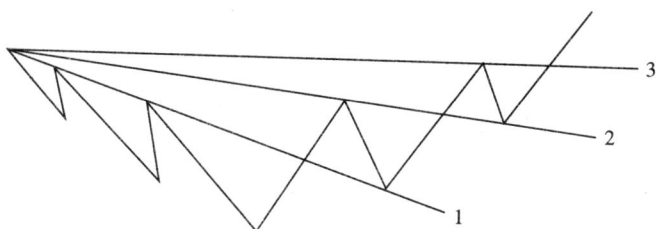

图7-4 跌势转升势时原有的阻力位转化为支撑位示意图

四、利用价格的前期走势提前发掘支撑位与阻力位

阻力线与支撑线基于个股在波动过程中的阻力位与支撑位得来，它对于我们在上升趋势及下跌趋势的进行买卖操作具有重要的实战意义，此外，利用阻力位与支撑位之间的相互转化，我们还可以更好地了解到即将发生的趋势转向。但这绝不是阻力位与支撑位的全部作用，我们还可以通过分析个股前期的走势情况，来提前预知个股在随后的走势中可能遇到的阻力位与支撑位，从而为我们展开低买高卖的操盘行为提供明确指导。下面我们结合具体的实例来看看如何提前分析预知个股随后可能出现的阻力位与支撑位。

支撑位、阻力位操盘技巧3

上升途中若出现深幅回调的下跌走势，则回调前的相对高位区将成为此股随后反弹上涨时的强阻力区，在这一强阻力区位置上，投资者不宜短线持股做多，对于中线投资者来说，也应清仓观望，耐心等待此股随后选择方向时再择机介入。

图7-5为兴业银行（601166）2009年2月19日至2010年2月1日期间走势图，此股原来处于明确的上升通道之中，上升形态较为清晰、明确，但是随后此股却在上升途中出现了一波幅度极大的下跌走势，这使得此股原有的上升形态被彻底打破，这一波的深幅回调将使市场出现众多的短期套牢盘，且形成一定的恐慌气氛，因此回调前的相对高位区自然就会成为此股随后波动中的阻力区，在这一强阻力区位置上，投资者不宜短线持股做多，对于中线投资者来说，也应清仓观望，耐心等待此股随后选择方向时再择机介入。

支撑位、阻力位操盘技巧4

价格的走势往往是以大规模的牛熊交替形态呈现在我们面前的，此时，对于后续上升趋势中的强阻力区，我们是可以提前预知的，因为前期的历史顶部区将成为此股后续上升趋势中的强阻力区。

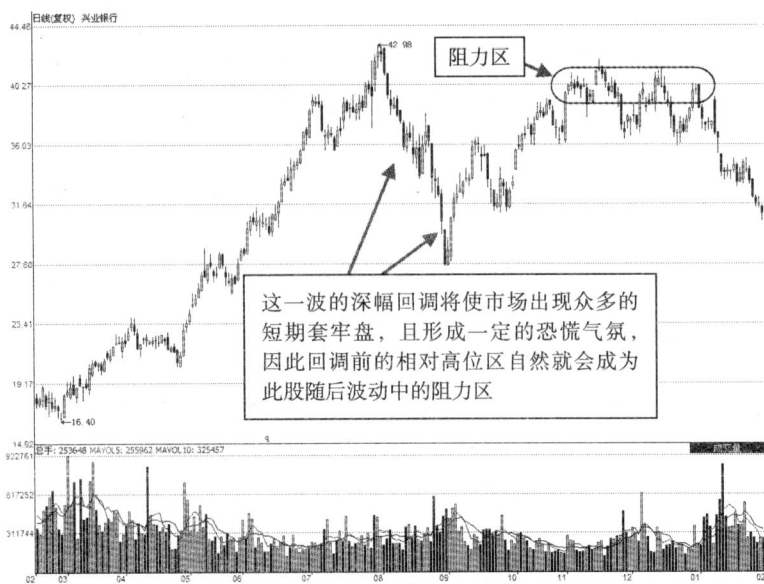

图 7-5　兴业银行提前预知阻力区示意图

　　图 7-6 为平煤股份（601666）2007 年 7 月至 2010 年 3 月期间走势图，此股的中长线走势呈现出牛熊交替的形态，在这种牛熊交替的走势中，我们可以提前预知此股后续出现的上升趋势中的强阻力区的位置，这一强阻力区的位置就是此股上一轮牛市行情中的顶部区。

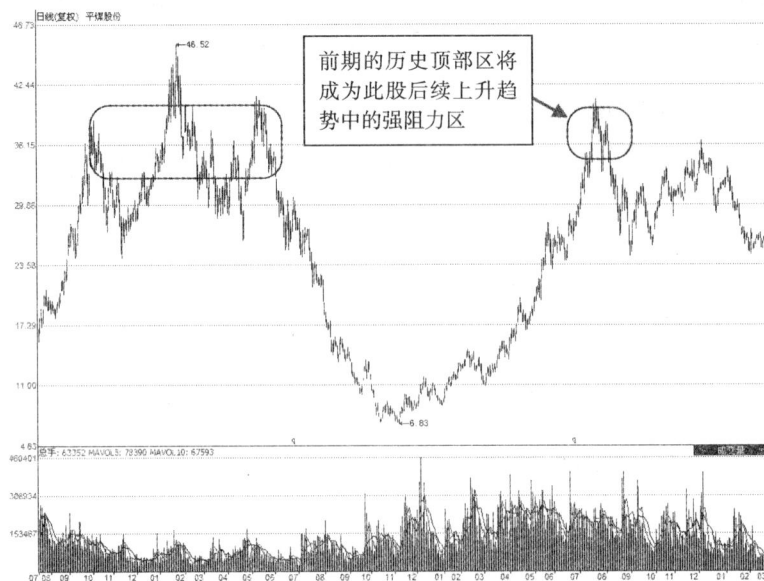

图 7-6　平煤股份提前预知阻力区示意图

第二节 牛市行情中的操盘技巧

牛市是股票市场投资者最希望看到的走势格局，由于我国股市只有做多方式的获利机制，因此牛市也可以称为"获利市"。所谓"牛市"，也称多头市场，指市场行情普遍看涨，延续时间较长的大升市。促使一轮牛市行情出现的原因有很多，比如宏观经济的持续高增长、政策的鼓励、股票市场的回暖、场外资金的充裕等，在实际操盘过程中，我们不必过于关注牛市的成因，而应把注意力放在股票市场本身的走势上，当一轮牛市出现时，其走势是明显有迹可循的，比如通过量能的变化、移动平均线的排列形态、技术指标形态的变化、K线走势的特点、上市公司的业绩等，都会向我们清晰地透露出一轮牛市正在形成、发展，此时，我们分析的重点不是牛市是否仍能持续下去、牛市能走多高这样的问题，而是应重点分析如何在牛市中展开实盘操作，以争取在牛市行情中获取高额的回报，毕竟牛市并不常现，如果我们不能很好地把握住牛市行情，则我们通过股票市场所获得的收益将大打折扣。本节中，我们就来看看如何在牛市中更好地展开实盘操作，牛市中的操盘技巧又有哪些。

一、及时捕捉即将出现的牛市行情

我们在第六章"涨买跌卖的操盘高招"中已经介绍了识别牛市行情（也称为上升趋势）的方法，在第六章中我们通过移动平均线的多头排列形态、指数异动平均线 MACD 的运行形态来分析、判断一轮上升行情的开展，除此之外，我们还应借助量能的变化、K线的形态等多种方法来分析牛市的持续力度、进展情况等信息。只有对牛市的形成、展开、持续、继续推进这一系列的运行过程有一个更为细致的了解，我们才能更好地预知市场的后期走势，这对于我们展开实盘操作具有重要意义。因为"牛市"这一概念往往是投资者从事后的角度给出的结论，我们不妨想象一下国内股市在 2007 年的运行过程，由于股市在 2006 年已经出现了较大幅度的上涨，因此在 2007 年向上突破 3000 点时，很多投资者都抱有怀疑态度，并且产生了一定的恐高情绪，如果我们对牛市的运行特征及随后的持续力度不能有一个客观清醒的认识，则将错过股市在 2007 年再次出现的翻倍上涨行情。下面我们就来看看如何通过技术分析手段把握牛市的运行特征、预知牛市的持续力度。

当一轮上升趋势有形成且开始发展的苗头时，我们就应透过股市交投气氛、交易数据、技术指标等方面预感到牛市即将出现（如均线开始由低位区的横向缠绕形态转变为多头排列形态、指数异动平滑平均线 MACD 开始运行于零轴上方、成交量开始温和放大、股票市场开始受到较多投资者的关注等）。此时，我们虽然无法预知股市后期能涨多高，但是这时买入却是风险较低、潜在收益较高的时机，此时对于中长线的投资者来说，要敢于在个股处于阶段性的相对高位区时追涨买入，虽然此时的买入点位是阶段性的高点，但由于市场已然出现了明确的上升行情信号，我们可以预计市场后期的上涨潜力是极大的，毕竟一轮趋势的发展是有着极强的持续力度的。

牛市行情操盘技巧 1

在牛市行情初露苗头的时候，要敢于采取积极的"追涨"买入操作，此时买入虽然是阶段性的相对高点，但是从中长线的角度来看，这时的买点仍然是底部区的明显低位。这一技巧正是运用了"涨买跌卖"操盘方法中的"涨买"策略。

图 7-7 为潞安环能（601699）2008 年 7 月 14 日至 2009 年 2 月 4 日期间走势图，此股在深幅下跌后于低位区出现了长期的止跌企稳走势，此时的均线系统由原来下跌趋势中的空头排列形态转变为横向缠绕形态，量能也开始出现温和放大的形态（结合个股同期的止跌企稳走势及个股所处的位置区间，我们可以认为这是场外资金持续涌入的标志），一般来说，个股在深幅下跌后出现这种形态，多预示着其走势已经见底，但个股的见底并不是我们买入此股的理由，毕竟底部区的震荡走势并不能带来中长线获利。但这种止跌的走势却提示我们应关注此股随后可能出现的上升行情。如图 7-7 所示，随后此股开始震荡上行，移动平均线系统开始由原来的横向缠绕形态转变为多头排列形态、成交量依旧保持着温和放大的形态、MACD 指标线开始运行于零轴上方，结合这几点要素，我们可以得出结论：此股的一轮上升行情即将展开，此时就是我们采取"涨买跌卖"策略时最好的"涨买"时机，虽然当我们得出这一结论时，此股的股价正处于阶段性的相对高位区，股价相对于底部最低点位已有 30% 以上的涨幅，但从中长线的角度来看，此股仍然处在一个极低的价位区，若一轮上升行情果然展开，此股后期的上涨空间仍然十分巨大。

二、在牛市行进途中关注行情的持续力度及是否见顶

很多投资者对于牛市的出现总是后知后觉，只有当市场步入了明确的上升通道后，大多数投资者才意识到牛市行情已经出现，但是，对于这些仍没有买股的投资者来说，却面临着一个明显棘手的问题：如果此时买入，势必有追涨的嫌疑，且随后出现高位被套的风险也无形增大，那么，此时是否应追涨买入

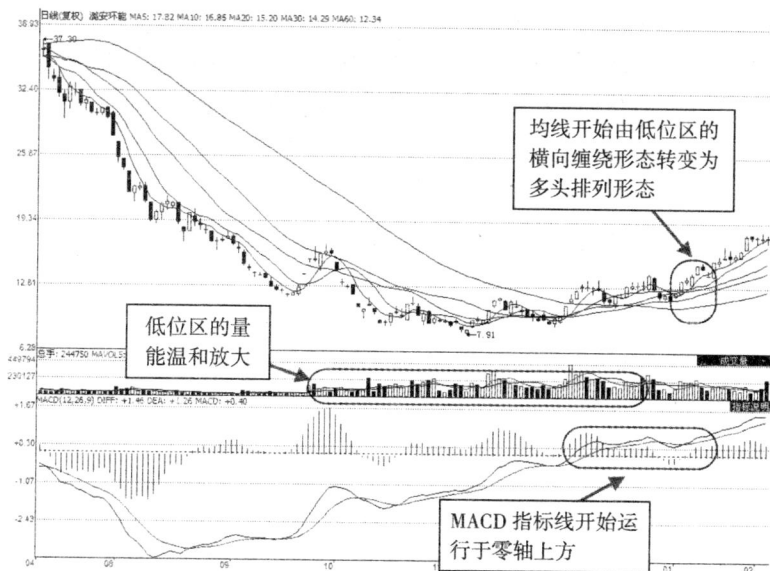

图 7-7　潞安环能牛市形成初期技术形态示意图

呢？对这个问题，我们无法给出直接肯定或否定的回答，因为，是否可以追涨买入，取决于当前的牛市运行力度如何、后期是否仍能强势运行下去等信息，而这些信息是要结合当前的市场实际情况及交易数据来进行具体分析的。一般来说，我们可以通过量能的变化形态分析当前牛市行情的持续力度及后期继续发展的潜力情况。

牛市行情操盘技巧 2

当市场已步入到了明确的上升通道后，此时牛市行情一览无余，我们此时重点分析的内容是：牛市行情随后的持续力度如何、后续发展潜力如何。解答这一疑问的最好方法就是进行量价分析。如果当前的牛市运行呈现出明显的价量齐升形态（即这一波的上涨走势使得指数创出了新高，那么，这一波上涨时的成交量也应相应高于前期上涨时的量能），则我们就可以认为牛市行情的持续力度较强、后续发展潜力仍然较大，对于那些未持股的投资者来说，仍可以积极地选择优良品种进行追涨买入，而对于那些手中持股的投资者来说，既可以持股待涨，也可以换入强势股进行操作。

图 7-8 为上证指数 2005 年 7 月至 2007 年 3 月期间走势图，股市在进入了明确的上升通道之后，此时的牛市行情已是有目共睹，投资者此时分析的重点也应是牛市行情还能走多远、当前的股市上升动力是否充足等信息。如图 7-8 所示，通过量能形态的变化，我们可以较好地得出相应的结论，对于本例来

说，由于股市在上升途中呈现出明显的量价齐升形态，这是做多动能充足的体现，也是牛市行情持续力度较强的体现，它标志着股市后期仍有较大的上涨空间，此时投资者不宜盲目看空，更不应因为股市近期的涨幅较大或是已获利较丰，从而早早地卖出离场。坚定地持股待涨，换取强势股进行操作，或是积极地追涨买入，才是此时最好的操盘方式，这种操盘方式与普通投资者常有的"追涨杀跌"行为完全不同，因为此时的追涨买入操作是基于我们冷静客观的分析得出的结论，并不是情绪带动下的盲目操作。

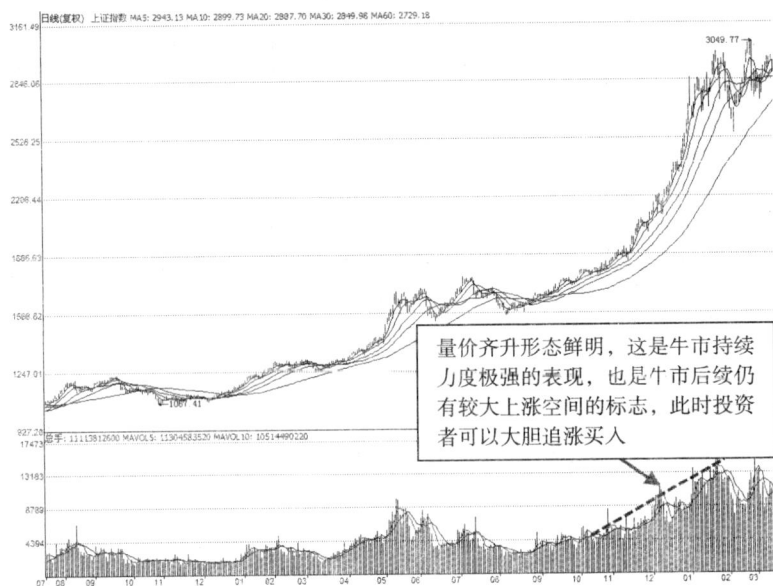

量价齐升形态鲜明，这是牛市持续力度极强的表现，也是牛市后续仍有较大上涨空间的标志，此时投资者可以大胆追涨买入

图 7-8　上证指数牛市运行途中量能形态示意图

三、稳健的攀升走势可中线持股，激进的短线暴涨宜逢高减仓

不同类型的个股在牛市中的表现往往截然不同，有些个股的走势可能跟随大盘，即与大盘同步处于稳健的上升通道中，这类股票在牛市行情中往往占据的绝大多数，它们属于市场中的主流品种，一旦买入主流品种，就要抱着中线持股的心态，不宜频繁换股，更不宜短线操作，因为主流品种往往会走出持续上涨的行情，这种股票很少有短线机会，一旦过早卖出，便很难买回，对于这类个股而言，我们可以采用积极的中线持股操作策略，不宜在中途过早出局。也有一些个股，这类个股的走势往往是以阶段性的爆发式上涨呈现出来，对于这类个股而言，如果其短线涨幅过大、上升角度过于陡峭，多会导致其获利抛压急速增强，往往预示着一波深幅回调走势即将出现，因此我们可以采取逢高

减仓的操作策略。

牛市行情操盘技巧 3

稳健的攀升走势可中线持股，激进的短线暴涨宜逢高减仓。

图 7-9 为大秦铁路（601006）2006 年 9 月至 2007 年 10 月期间走势图，图中叠加了同期的上证指数走势图，通过对比我们可以发现，大秦铁路的走势与上证指数的走势如出一辙，对于这种上涨走势与大盘几乎一致的主流品种而言，我们可以把更多的注意力放在分析股市的整体运行情况上，只要股市不出现明确的升势见顶信号，我们就可以积极地持股待涨。从大秦铁路在这长达一年多的时间走势图中我们可以看到，虽然它在上升途中也有过多次回调走势出现，但是这种短期的回调走势并没有破坏此股的上升形态，而且对于这种偶然出现的回调走势，我们也是难以把握好它的高抛时机的，因此最好的策略就是积极地持股待涨，而不必过于关注此股在上升途中出现的回调走势。

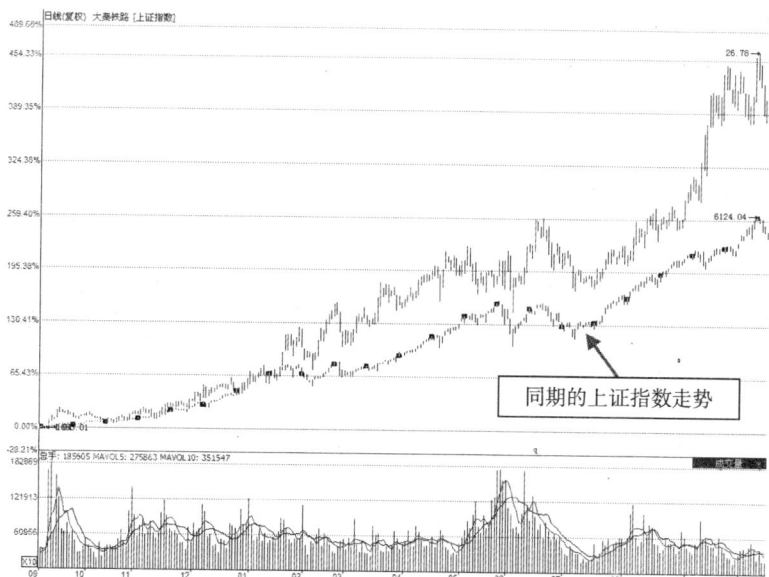

图 7-9　大秦铁路 2007 年牛市行情走势图

图 7-10 为鲁银投资（600784）2006 年 8 月至 2007 年 6 月期间走势图，此股在大盘逐步攀升的背景下出现了两波快速的大幅度上涨走势，这种走势多是主力借良好的市场氛围而大肆炒作个股的结果。主力炒作过程很简单，就是首先利用牛市氛围来大幅度地推升个股，力图在最短的时间内使个股出现最大幅度的上涨，随后，当个股远离底部区后，主力就会借助牛市氛围来逐步进行

出货操作，如果我们对比这类个股与同期大盘的走势就会发现，它们在某一阶段涨幅巨大、涨速极快，但是随后却在漫长的时间内处于横盘滞涨走势（而同期的大盘则很有可能是一路走高）。这种个股的上涨走势较为独立，对于这类个股来说，它们并不属于市场中的主流品种，在操作这类个股时，如果我们已提前布局此股，则就应在此股随后的拔高走势中采取积极的逢高减仓操作方式，因为它随后的走势很可能要明显弱于同期大盘，这也是牛市中的个股有先涨后涨之分的典型体现；反之，如果我们没有提前布局此股，则后期就不宜再追涨买入。

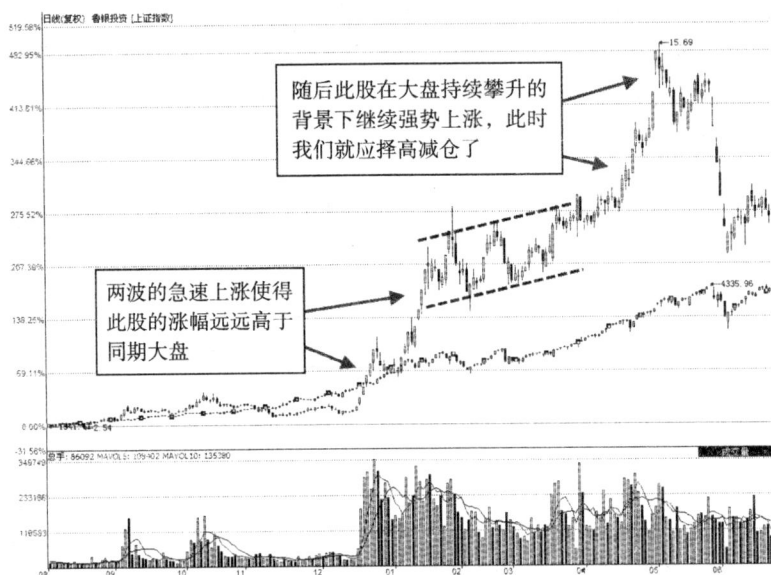

图 7-10　鲁银投资 2007 年牛市行情走势图

四、紧盯龙头品种，关注小盘类个股

虽然在牛市行情中，股市中的全体个股呈现出普涨格局，但是有的个股涨幅较小，甚至不及市场平均涨幅，而有的个股却能涨幅巨大，远远超过同期的市场平均涨幅，如何发掘并积极布局这些潜力巨大的个股呢？一般来说，我们要密切关注龙头股。所谓龙头股就是指起涨时间最早、涨势最强、对同类个股最具号召力的个股。龙头股是领涨品种，一般来说，在较长的一段时间内，上涨幅度最大的肯定是领涨品种，因此在牛市操作过程中，一定要紧紧抓住龙头品种，并在资金配置上加大龙头品种的买入比例，只有这样才能在牛市中获取远远超于市场平均水平的收益。那么，我们应如何在具体的操盘中来捕捉龙头股呢？依据笔者对于龙头股的研究，我们可以从以下三点着手：①注意个股的股价高低，龙头股必须是低价股，因为高价股不具备炒作空间，只有低价股才能得到股民追捧，一般来说，龙头股几乎没有超过 10 元的。②注意个股的题材，如果一只个股当日的强势上涨源于热点题材支撑，而非偶然性的资金拉动所致，则这样的个股很有可能成为股市随后一个阶段中的龙头个股。③注意个股的涨停时间，涨停走势是我们判断一只个股能否成为龙头股的最为重要的条件之一，龙头股的强势特点不仅体现在它随后的强势上涨过程中，它也同样体现在启动初期，一只股票的涨停时间越早，则说明它对资金的吸引力越大，其随后成为龙头个股的可能性也就越大。

捕捉龙头股无疑是我们在牛市行情中获取最大利润的方法，但捕捉龙头股对于普通投资者的技术分析能力、综合分析能力要求较高，而且投资者要对股市有一个较为灵敏的盘面感觉，如果我们不能准确地捕捉龙头股，是否就意味着我们难以获得超过市场平均涨幅的收益呢？答案自然是否定的，国内的股市是一个炒作气氛极浓的股票市场。一只股票能被炒到多高，既取决于介入此股的资金规模，也取决于此股的盘子大小。同样规模的资金在炒作小盘股与大盘股时，其结果可能完全不同。炒作一只小盘股并不需要太多的资金就可以达到大幅推升股价的目的，但是对于大盘股来说，这是不可能的。因此在牛市当中，我们会发现小盘股的上涨时间、上涨幅度往往都要明显强于大盘股，这是国内股市的一大特点，也是我们在实盘操作中应遵循的股市背景。

牛市行情操盘技巧 4

通过技术分析、题材分析、综合分析等方法及时捕捉龙头股的出现，并把操盘资金重点布局在小盘股身上。

图 7-11 为中金黄金（600489）2008 年 9 月 9 日至 2009 年 3 月 11 日期间走势图，图中标注了此股 2009 年 2 月 2 日所在位置，2009 年 2 月 2 日是节后开盘的第一个交易日，受春节放假期间黄金期货大涨的带动，紫金矿业、中金黄金、山东黄金、恒邦股份等几只概念纯正的黄金股强势涨停，这几只黄金类个股无疑是有色金属板块中的龙头类品种，那么，哪只个股会在后期的上涨走势中潜力更大呢？仅从技术形态上，我们难以作出判断，因为这几只个股在当日都出现了强势涨停的走势。因此我们应从题材、股本规模这两个要点来进行分析。就题材面来说，山东黄金、中金黄金、恒邦股份这三只股票的题材最为纯正。就股本来说，紫金矿业的总股本为 145 亿股，属于绝对的超级大盘股，山东黄金与中金黄金的总股本均在 7 亿股左右，属于中盘类个股，恒邦股份的总股本在两亿股左右，但恒邦股份当时的股价要显著高于中金黄金与山东黄金，因此其容纳的资金数额并不比这两只个股少多少。此外，就绝对涨幅来

说，恒邦股份在 2009 年 2 月 2 日前已出现了近一倍的累计涨幅（相对于前期底部而言），而中金黄金与山东黄金的累计涨幅则只有 50% 左右。通过以上的综合比较分析，我们可以得出结论：在这几只当日涨停的龙头品种中，其随后上涨潜力最大的个股应是中金黄金与山东黄金，而涨幅最不具潜力的则是紫金矿业。

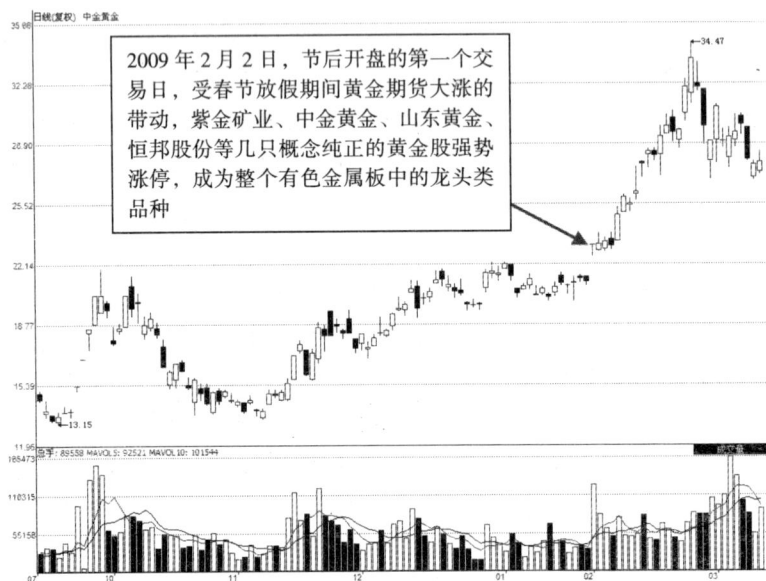

图 7-11　中金黄金 2009 年 2 月 2 日前后走势图

第三节　熊市行情中的操盘技巧

熊市是股票市场投资者最不愿看到的走势格局，由于我国股市只有做多方式的获利机制，因此熊市也可以称为"亏损市"。所谓"熊市"，也称空头市场，指市场行情普遍看跌，延续时间较长的大跌市。促使一轮熊市行情出现的原因有很多，比如宏观经济出现下滑、金融政策的打压、股票市场的泡沫破裂、股票价格的理性回归、场内资金的退出等。在实际操盘过程中，我们不必过于关注熊市的成因，而应把注意力放在股票市场本身的走势上，当一轮熊市出现时，其走势是明显有迹可循的，比如通过量能的变化、移动平均线的排列形态、技术指标形态的变化、K 线走势的特点、上市公司的业绩等，都会向我们清晰地透露出一轮熊市正在形成、发展，此时，我们分析的重点不是熊市是否仍能持续下去、熊市能跌到多低的位置这样的问题，而是应重点分析如何在熊市中展开实盘操作。在本节中，我们就来看看如何在熊市中更好地展开实盘操作，熊市中的操盘技巧又有哪些。

一、及时发觉熊市的出现

熊市多出现在牛市之后，既是对牛市上涨过度的一种修正，也是价值的一种理性回归。一般来说，我们可以通过移动平均线的空头排列形态、指数异动平均线 MACD 的运行形态来分析判断一轮熊市行情，除此之外，我们还应借助量能的变化、K 线的形态等多种方法来分析熊市的持续力度、进展情况等信息，只有对熊市的形成、展开、持续、继续推进这一系列的运行过程有一个更为细致的了解，我们才能更好地预知市场的后期走势，这对于我们展开实盘操作具有重要意义。因为"熊市"这一概念往往是投资者从事后的角度给出的结论，我们不妨想象一下国内股市在 2008 年的运行过程，当股市从 6000 点上方跌至 3000 点时，几乎绝大多数的投资者及专家都一致认为 3000 点是国内股市的"铁底"，然而，股市随后又从 3000 点毫无顾忌地一路跌至 1600 点上方，这种幅度的下跌远远超出了市场预期，如果我们对熊市的运行特征及随后的持续力度不能有一个客观清醒的认识，则我们很可能因过早地抄底入场而处于深套之中，既亏损了本金，也失掉了在股市真正的底部买入布局的机会。

熊市行情操盘技巧 1

在熊市行情初露苗头的时候，即使此时的价位处于局部走势中的相对低点，我们也应毫不犹豫地抛售个股、离场观望，因为随着熊市的形成及发展，股市后期的下跌幅度仍然巨大，此时卖出的点位虽然是阶段性的相对低点，但是从中长线的角度来看，这时的卖点仍然是顶部区的明显高位，而且，此时卖出可以使我们最大限度地保留住前期所获得的利润。这一技巧正是运用了"涨买跌卖"操盘方法中的"跌卖"策略。

图 7-12 为中国平安（601318）2007 年 4 月至 2008 年 10 月期间走势图，此股在持续上涨后的高位区出现了长期的滞涨且调头向下的走势，此时的均线系统由原来上升趋势中的多头排列形态转变为横向缠绕形态，这一区域的量能呈明显的萎缩形态（结合个股同期的滞涨下跌走势及个股所处的位置区间，我们可以认为这是买盘枯竭、市场交投极不活跃的标志），一般来说，个股在持续上涨后的高位区出现这种形态，多预示着其走势已经见顶，但我们还应结合它随后的走势来确认这一顶部是否属实。在实盘操作中，中长线的投资者可以采取稳妥的减仓策略，而不必完全清仓离场，只有当我们确认顶部已现、熊市

即将出现的时候，我们才应完全清仓离场。如图 7-12 所示，随后此股开始继续下行，移动平均线系统开始由原来的横向缠绕形态彻底转变为空头排列形态、MACD 指标线开始运行于零轴下方，结合这几点要素，我们可以得出结论：此股的一轮下跌行情即将展开，此时就是我们采取"涨买跌卖"策略时最好的"跌卖"时机。虽然当我们得出这一结论时，此股的股价正处于阶段性的相对低位区，股价相对于顶部最高点位已有 20%左右的跌幅，但从中长线的角度来看，此股仍然处在一个极高的价位区，若一轮下跌行情果然展开，则此股后期的下跌空间仍然十分巨大，此时卖出，我们不必担心此股后期仍然上涨而面临的踏空局面出现，也能最大限度地保留住前期牛市中的利润。

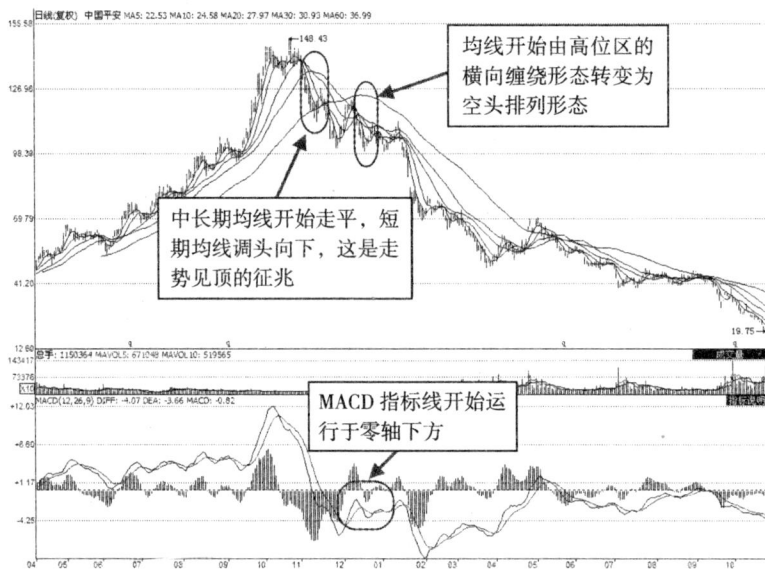

图 7-12　中国平安熊市形成初期技术形态示意图

二、若没能第一时间离场，当熊市已清晰地呈现出来时应及时止损离场

由于市场的转势往往是极快的，而且熊市往往出现在牛市之后，在牛市末期、熊市初期，很多投资者基于前期的牛市效应，可能仍然固守着牛市的思维方式，总以为当前的下跌不过是牛市中的一次深幅回调而已，他们认为："市场只有经过充分的回调，才能继续大牛市行情。"然而，随着市场的继续下跌，均线向下发散的空头排列形态越发明显、市场利空消息也频出，投资者此时已不能再自欺欺人地认为当前仍然是牛市的调整期，对于这类后知后觉、操作上

慢半拍的投资者来说，此时应如何操作呢？依笔者经验来看，牛市与熊市的发展延伸空间往往是极其惊人的，牛市将使市场达到一个明显的泡沫区，而熊市则将使市场达到一个明显的低估区，如果此时的市场并非处于明显的低估区，则股市后期仍然有巨大的下跌空间，此时对于那些仍然持股的投资者来说，不要抱有幻想，而应及时止损出局，以便能最大限度地保证本金的安全。

熊市行情操盘技巧 2

对于那些后知后觉、操作上慢半拍的投资者来说，若没能在第一时间内抛售离场，则当熊市已清晰地呈现在我们面前时，就不应固守己见、抱有幻想，而应及时转变思维、顺应趋势发展，及时止损离场，这样可以最大限度地保证本金安全，以备后期再战。

三、在熊市行进途中保持克制，绝不能因个股累计跌幅较大而抄底买入

一轮趋势的发展往往极为惊人，如果我们先入为主地给市场的上涨走势"圈出"一个顶部点位，或是给市场的下跌走势"圈出"一个底部点位，就难以在牛市中获取最大额度的利润，也难以在熊市中买在最接近于底部的位置区。摒弃先入为主的观念，客观冷静地分析市场走势、顺应市场发展，才是我们在股市中的生存、获利之道。在熊市持续的跌途中，我们会面临着各种各样的诱惑，比如股评分析中往往会经常性地提起这一概念"此股已下跌过半，后期下跌空间极其有限，现在买入不失为价值投资的好时机"，又如"此股业绩优秀，属于一只明显受熊市恐慌气氛影响而被错杀的个股"。然而，实际情况果真如此么？答案当然是否定的。即使此股有投资价值，或是受市场整体性下跌而被错杀，但这也绝不是我们买入此股的理由，若我们真要因为它的业绩而买入，那么，我们就应把眼光放在五年之后或是十年之后，而不必在意此股随后可能继续出现的大幅下跌走势，但是，笔者相信，聪明的投资者是不会做出这种看似正确然而却实则愚蠢的决定。这就要求投资者一定要克制自己的买入冲动，绝不能因为此股已累计跌幅较大就认为此股已经足够便宜了，其实，这种"便宜"不过是我们把眼光放在它的累计跌幅及当前的价位上，如果此股后期继续大幅下跌，我们可以提前预想一下，它现在的价位并不便宜。

熊市行情操盘技巧 3

当下跌趋势较为明朗且无见底迹象时，我们就应克制自己的抄底买入行为，绝不能因为此股累计跌幅较大、当前股价看似便宜等原因而买入此股，因

为"低位"后面还有"更低位"。

图 7-13 为交通银行（601328）2007 年 5 月至 2008 年 11 月期间走势图，此股在 2008 年开始步入到下跌走势中，当此股随着股市开始进入了明确的下跌通道之后，此时的熊市行情已是有目共睹，投资者此时分析的重点不是个股的股价是否已经够低、累计跌涨幅是否已经够大，因为如果我们把注意力集中在这些问题上，则我们很难保持冷静头脑来客观地看待下跌趋势的运行，往往会因为个股的低价位或累计跌幅较深等因素去盲目进行抄底买入操作。此时，我们所分析的重点应是熊市行情还能走多远、当前的股市下跌动能是否已经消失等信息。如图 7-13 所示，从 16 元跌至 7 元区，跌幅已经够大、股价也够便宜了，然而透过均线形态、个股走势、MACD 指标形态等因素，我们发现个股并没有明显的见底迹象，因此此时并不是我们抄底买入的时机，此时投资者绝不能仅凭主观臆断而盲目做多，更不应因为股市近期的跌幅较大，从而早早地入场买股。

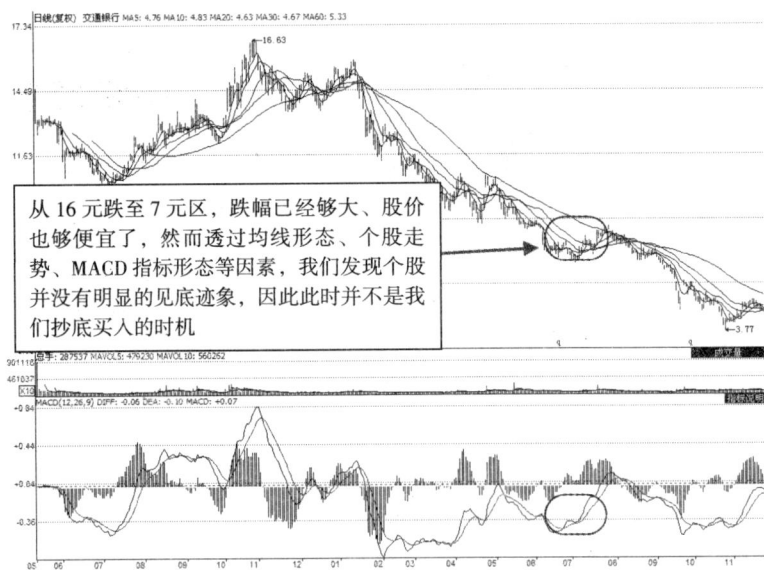

从 16 元跌至 7 元区，跌幅已经够大、股价也够便宜了，然而透过均线形态、个股走势、MACD 指标形态等因素，我们发现个股并没有明显的见底迹象，因此此时并不是我们抄底买入的时机

图 7-13 交通银行下跌走势图

四、只宜轻仓参与反弹行情，绝不可重仓买入

由于在熊市当中，90%以上的个股都处于持续下跌的走势中，因此对于中长线投资者来说，在熊市中做到长期离场、持币观望才是最好的策略；对于短线投资者来说，也可以在适当的时候参与市场中的局部热点，以图从短期的反

弹行情中获取收益。但是，短线投资者在参与市场中的局部热点时，一定要把握好仓位的调度，依笔者经验来说，不宜全仓介入。因为在股市走熊的背景下，全仓买入无疑将使自己处于一种高风险的境况之下，而且在我们参与热点题材股时，由于题材的转换往往过于频繁，很多题材股多是仅在一两个交易日内出现昙花一现的上涨走势就宣告终结，随后即出现大幅度的补跌走势，如果我们短线全仓追涨这些个股，很可能将使自己处于短线套牢的境地，一次亏损也许抵得上十次的获利，可以说这种操作是极不明智的。

熊市行情操盘技巧 4

在熊市中参与市场局部热点或是博取短线反弹行情，不宜全仓跟进，因为这种操盘方式很可能使我们出现"十次获利不抵一次亏损"的不利境地。

图 7-14 为红豆股份（600400）2008 年 2 月 18 日至 10 月 29 日期间走势图，此股在这长达 8 个多月的漫长下跌走势中仅出现了两次明显的反弹行情，第一次反弹走势出现在 2008 年 4 月 24 日，这一次的反弹走势源于下调股票交易印花税的政策利好刺激所致，对于这种重大利好消息引发的反弹走势，我们只有依靠运气的成分了，对于第二次的反弹走势来说，也同样是来得快、去得也快，即使我们精通技术分析，也是难以买在这一波反弹走势出现前的低位区的。通过本例，我们可以发现，在熊市中参与反弹行情的获利概率较低，短期被套的概率则较大，因此对于短线投资者来说，在博取反弹行情的时候，绝不

图 7-14　红豆股份下跌趋势示意图

能重仓参与。

五、不可追涨当日看似强势的个股，也不宜追涨停板

在牛市行情中，股市的上涨节奏往往是此起彼伏的，这一阶段上涨走势较弱的个股，其随后出现补涨的概率较大；在熊市行情中，股市的下跌节奏也同样是此起彼伏的，这一阶段下跌幅度不大、看似有主力支撑的"强势股"，其随后的表现往往不尽如人意，其跌幅可能会明显高于同期的大盘。因此在实盘操作中，若非个股有重大的利好消息刺激，我们绝不可追涨买入个股，在熊市中追涨买股无异于是火中取栗，而且有一点特别值得短线投资者注意的是，很多短线投资者往往喜欢追逐那些强势涨停的个股，这种短线操作手法可以称为"抢涨停"。在牛市当中，这种短线操作手法往往可以使资者短线获利丰厚，因为牛市是一个做多氛围较强的市场，强势股往往在某一阶段的上涨幅度会远远高于同期的大盘，而涨停板正是强势个股的直观体现，此时抢涨停板是顺势而为的操盘方式的体现；但在熊市中这种方法却是完全行不通的，因为熊市是一个做空氛围极强的市场，涨停板也多是主力诱多出货操盘手法的体现，如果这种涨停板又恰好出现在一波反弹走势后的相对高位区，则我们可以明确地预知：此股随后的走势十有八九是快速下跌，抢这种个股的涨停板，会使我们的账户资金出现短期快速缩水的情况。

熊市行情操盘技巧 5

不可因个股当日的强势表现而追涨买入，如果这种强势上涨的盘口形态恰好出现在一波反弹走势后的相对高位区，则此时就是我们博取反弹行情后的高位出局时机。

图 7-15 为抚顺特钢（600399）2008 年 4 月 29 日至 9 月 12 日期间走势图，此股在下跌途中一波反弹走势后的相对高位区出现了一个高开高走、放量涨停的形态，此股当日表现极为强势，如果我们仅仅依据此股当日的盘面形态，无疑会产生一种此股做多力量充足、主力拉升意愿强势的直观感觉，如果我们又在这种直观感觉的影响下而追涨买入此股，则我们短期内的损失将是极其惨重的。在熊市中追涨买入个股的操作方式与在牛市中杀跌抛售个股的操作方式都属于"逆势而为"的行为，如果说牛市中的逆势而为最多致使我们踏空、少获利，那么在熊市当中的逆势而为则将使我们的本金出现覆顶的惨重损失，甚至会使我们被迫离开这个市场。

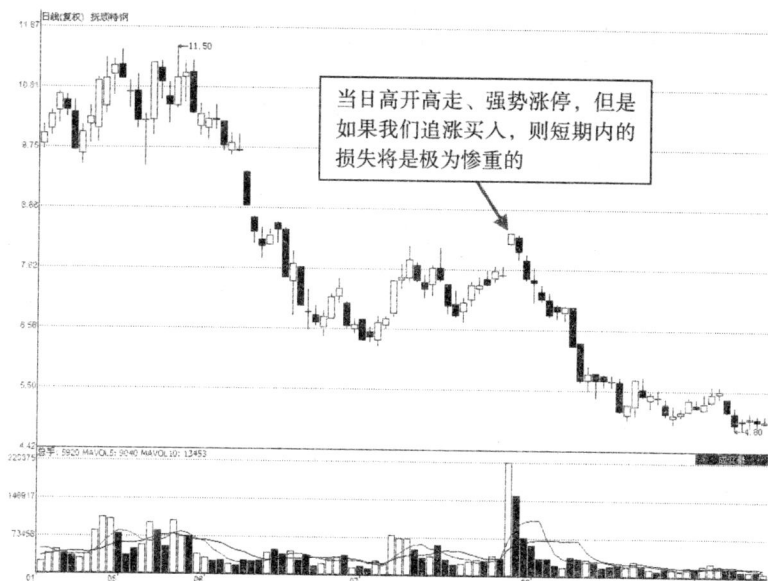

图 7-15　抚顺特钢下跌途中涨停板示意图

第四节　顶与底的操盘技巧

　　顶部与底部是一对相对的概念，顶部是从底部涨上来的，而底部则是从顶部跌下去的，顶部预示着牛市行情的终结，底部则预示着熊市行情的结束，顶部区是风险的预示，底部区则是机会的象征。在实盘操作中，当我们身处股市狂热或恐慌的气氛当中时，往往会处于"当局者迷"境况之中，因为在牛市末期，在市场狂热情绪的推动及主力的顺势拉抬下，无论是指数还是个股的股价，往往都会再度出现一波快速上涨行情，突破重要关口位和顶部区域，这让绝大多数投资者都会产生一种过于乐观的情绪，使得投资者对顶部的判断常常出现偏差。反之，在熊市末期，在市场恐慌情绪及主力资金的顺势打压下，使得原本看似固若金汤的底部被无情地彻底击穿，从而在心理上造成投资者的恐慌情绪，使投资者在低位不计成本地盲目杀跌割肉，而主力资金乘机吸纳大量廉价筹码，这同样也会造成散户投资者的判断失误。可以说，能否把握好顶部区与底部区的位置将直接关系到我们操盘的成败。本节中，我们将结合政策面因素及市场运行特征来识别顶部与底部，并详细讲解顶部区与底部区的操盘技巧。

一、透过政策面的引导预见顶部与底部的出现

国内的股票市场素有"政策市"之称，政策的引导对股市的行进方向往往起着决定性的作用，当股市上涨过度、出现明显泡沫时，为了维护资本市场稳健的发展，国家往往就会出台相应的政策来抑制股市中的投机行为，从而引发股市下跌；反之，当股市下跌过度时，为了避免其对实体经济的冲击及影响，国家往往会择机出台相应的利好政策来稳定股市，在政策的引导下，股市往往就会从明显的泡沫区或是低估区向合理的估值区间过渡。把握好政策的引导，我们就可以在中长线的角度上来准确预计股市的走势。那么，哪些政策直接反映了政策对于股市运行情况的"想法"呢？一般来说，我们可以重点关注两方面，一是加息或降息，二是上调或下调印花税。

加息多是为了预防通货膨胀的出现，同时它也是打压资产泡沫最为有效的手段之一，股市的节节上升势必会导致资产泡沫急剧增加，此时，若国家密集出台加息政策，就会对资本市场中存在的大量投机资金起到明显的回流作用，大量的资金就很有可能从股市"搬家"至银行，从而引发股市下跌；降息的作用则刚好相反。可以说，对于股市的走向，加息属于利空消息，很有可能引发下跌；反之，降息则属于利好消息，很有可能引发股市上涨。当然，在实际的股票市场中，加息、降息所起到的作用往往是间接的，它无法在短时间内改变股市当前的运行格局，但是加息与降息至少传达了一种信号，即股市若此时正处于明显的高位区或是低位区，则随后出现见顶或见底的可能性就要大大增加。

上调或下调印花税是国家对于股市走向的直接干预，上调印花税对于股市来说是重大利空消息，下调印花税则是重大利好消息。例如，对于2007年所出现的大牛市行情来说，当国家于2007年5月30日出台上调印花税的方案后，沪深两市中的绝大多数中小盘个股就步入到了顶部区。对于2008年的大熊市来说，2008年4月24日出台的下调印花税方案虽然没能让股市止跌，但这与当时的背景环境密不可分，当时全球正处于百年难遇的金融危机之中，而且这时股市所在的位置区也并非是明显的低估区，随后，2009年9月19日再次出台的"印花税单边征收"方案则实实在在地促使股市进入了底部区。

顶与底的操盘技巧 1

促进资本市场稳定健康发展是党中央、国务院既定的战略决策，当股市处于持续的升势或跌势中时，我们应善于透过政策面的引导来识别随后可能出现的顶部区或是底部区，加息及上调印花税方案多预示着顶部区将现，降息及下

调印花税方案多预示着底部区的出现。

图 7-16 为现代制药（600420）2006 年 8 月至 2008 年 2 月期间走势图，此股在 2007 年 5 月前处于持续上涨的牛市行情中，但是 2007 年 5 月 30 日突然而来的政策面利空消息："证券交易印花税率 5 月 30 日起上调至 3‰：为进一步促进证券市场的健康发展，经国务院批准，财政部决定从 2007 年 5 月 30 日起，调整证券（股票）交易印花税税率，由现行 1‰调整为 3‰。即对买卖、继承、赠与所书立的 A 股、B 股股权转让书据，由立据双方当事人分别按 3‰ 的税率缴纳证券（股票）交易印花税。这次调整证券交易印花税率，是证券市场历史上第八次调整。"在这一重大利空消息的带动下，绝大多数的中小盘个股都开始步入到了顶部区。

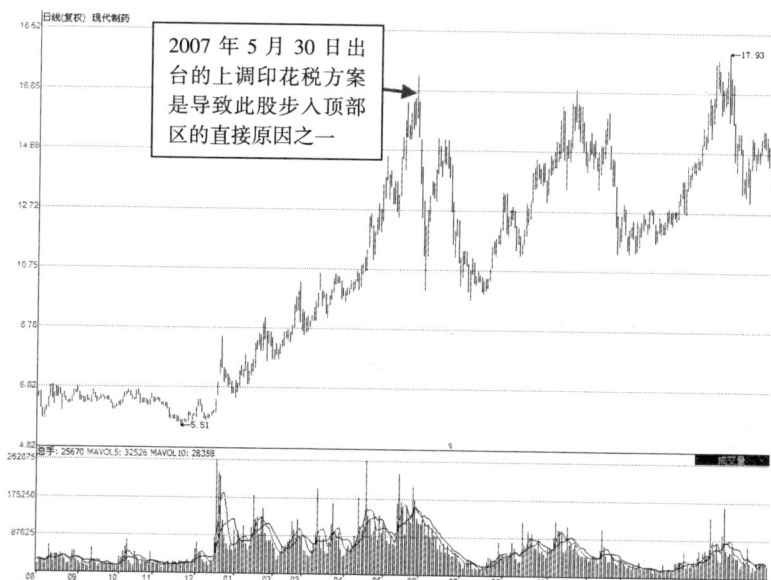

图 7-16　现代制药步入顶部区示意图

图 7-17 为上证指数 2008 年 4 月 30 日至 2009 年 1 月 19 日期间走势图，在股市跌幅巨大、市场恐慌情绪蔓延的背景下，2008 年 9 月 19 日出台的三大利好政策消息一扫股市的跌跌不休的局面："三大利好齐发促股市健康运行：今起证券交易印花税只向出让方征收，国资委支持央企增持或回购上市公司股份，汇金公司将在二级市场自主购入工、中、建三行股票，并从昨日起开始有关市场操作。"在这种强势利好政策的引导下，股市结束了漫长的下跌走势，开始步入到底部区。

通过以上的分析可知，当有明显的调控股市的政策出台时，我们就要意识到股市随后很有可能将步入到见顶或见底阶段，在基于这一判断下，我们就应做好逃顶、抄底的准备，一个投资者如想成功逃顶、抄底，就必须把握住政策导向，广泛搜集政策信息，并通过精心分析这些政策信息，通过政策面的微小变化，及时发现管理层的调控意图，这样才可以领先一步。

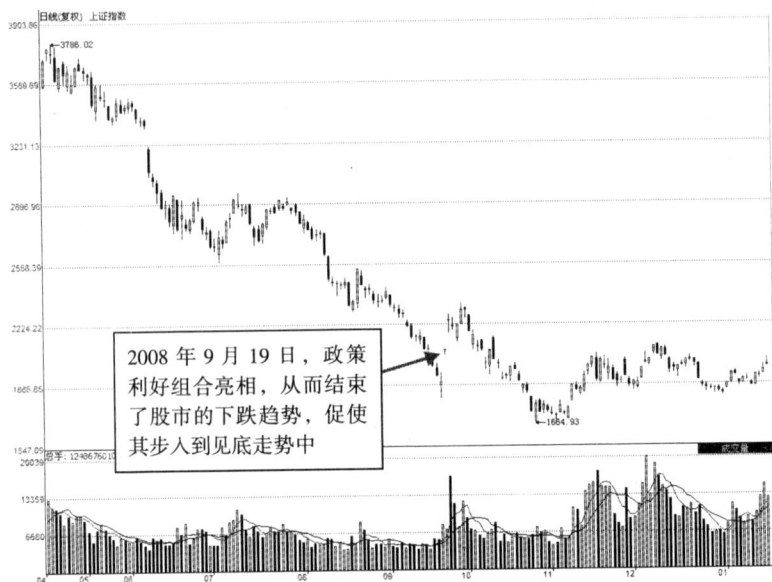

图 7-17　上证指数步入底部区示意图

二、透过技术面识别正在出现的顶部与底部

无论是对参与低买高卖式的短线交易者来说，还是对参与涨买跌卖的中长线交易者来说，技术分析都是重中之重的内容，通过技术面的分析，我们可以较好地把握价格波动过程中的相对高点与低点，也可以及时识别牛市与熊市的形成及发展。同样，我们也可以利用技术分析方法来识别牛市末期的顶部区与熊市末期的底部区。一般来说，我们可以从市场或个股的走势、K线形态、量能变化、技术指标形态等方面着手来进行分析。下面我们就结合实例来看看顶部区与底部区的技术面特征有哪些。

图 7-18 为万通地产（600246）2008 年 3 月 14 日至 2009 年 1 月 23 日期间走势图，此股在经历了 2008 年的漫长下跌走势之后，于深幅下跌后出现了较长时间的止跌企稳走势，此时，原有的均线空头排列形态开始变为横向缠绕形态且有向多头排列形态转变的倾向，这一段时间内的成交量也呈现出持续的温和放大形态，结合同期价格止跌企稳的回升走势，我们可以将这种温和放大

的量能形态看做是场外资金持续介入的标志。图中还显示了此股每笔均量的变化形态，一般来说，我们可以把底部区看做是主力建仓的区域，个股之所以会在持续下跌后抵住强大的抛压而步入底部区，其中的一个很大原因就是有一股可以形成合力的资金在不断地买入，而这股可以形成合力效果的资金自然不是来自于行动分散的散户投资者，我们可以把这股资金看做是主力资金，主力资金在介入一只个股时，由于其持有资金数量巨大，在建仓买入时就不可能像散户投资者那样一小笔、一小笔的买入，因此在主力开始展开较大规模的建仓操作时，个股的每笔均量往往会呈现出明显的上升迹象。从本例中也可以看出，此股在低位止跌区的每笔均量是呈大幅攀升形态的，这足以说明有主力资金在大手笔地买入此股，而主力的这种行为也是个股步入底部区最为显著的特点之一。

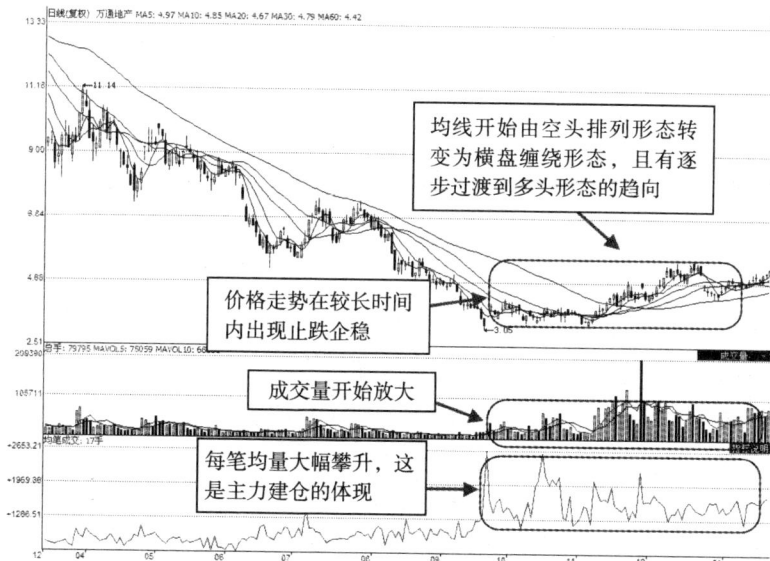

图7-18　万通地产底部区技术面分析示意图

　　通过以上的分析，我们可以了解到如何利用技术面的信息来识别个股的底部区走势。本例中，我们是通过个股的止跌企稳走势、均线系统排列形态的变化、成交量形态的变化、每笔均量的大幅攀升这几点要素为依据来分析个股的见底走势的。此外，我们还可以通过 MACD 等指标线的运行形态（底背离形态的出现及指标线由零轴下方跃升至零轴上方的转化）、经典的底部 K 线形态（如头肩底、双重底、圆弧底）、个股的局部走势特点（如牛长熊短的走势、红肥绿瘦的走势等）来识别个股的见底走势。

　　图 7-19 为上证指数 2006 年 11 月 22 日至 2008 年 1 月 29 日期间走势图，

此股在经历了长期的上涨走势之后，于持续上涨后的高位区出现了较长时间的滞涨走势，此时，原有的均线多头排列形态开始变为横向缠绕形态且有向空头排列形态转变的倾向，这一段时间内的成交量也呈现出明显的缩小形态，这是市场交投开始趋于委靡不振的表现，这与股市前期上涨时的量能不断放大所体现的股市人气旺盛的市场氛围形成了极为鲜明的对比。结合同期价格滞涨走势，我们可以将这种高位区的缩量形态看做是买盘资金开始趋于枯竭、无力再度推升股市上涨的标志。图中还显示了此股最后一波上涨时其量能所发生的变化，我们可以看到，此股在后期的上涨走势中，虽然指数再度创出了新高，但是这一波上涨时的量能却明显小于前期主升浪时的量能，这种量价关系出现在持续上涨后的高位区间，是属于典型的量价背离形态，它的出现说明市场的上涨已不是由充足买盘的推动所致，此时股市的上涨完全是一种运行于上升通道后的惯性作用所致，我们也可以将其理解为此时的上涨是由少部分投资者的狂热情绪推动所致，而这种上涨走势是极不牢靠的，它出现在累计涨幅巨大的背景下，往往预示着顶部即将出现。

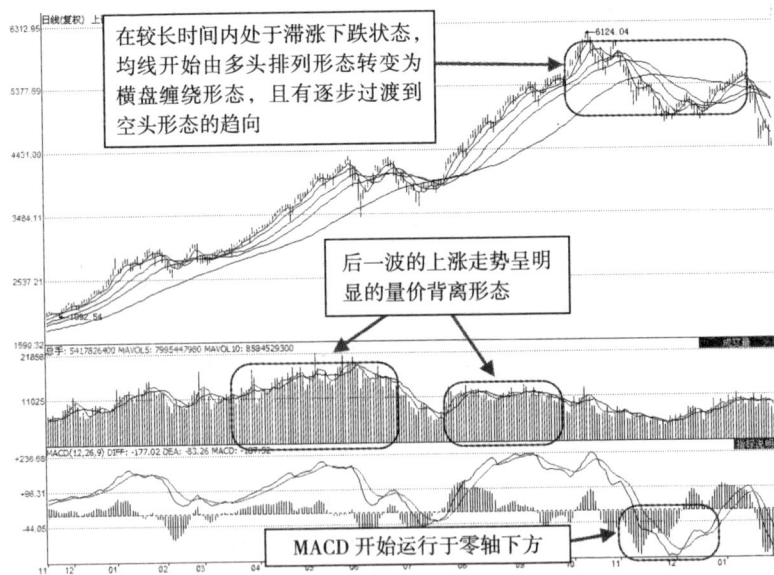

图7-19　上证指数顶部区技术面分析示意图

通过以上的分析，我们可以了解到如何利用技术面的信息来识别市场在顶部区走势。本例中，我们是通过股市的滞涨下跌走势、均线系统排列形态的变化、成交量形态的变化、技术指标形态的变化这几点要素为依据来分析股市的见顶走势的，此外，我们还可以通过经典的顶部K线形态（如头肩顶、双重顶、圆弧顶)、K线的局部走势特点 (如牛短熊长的走势、频繁出现的大阴线形态等) 来识别个股的见顶走势。

顶与底的操盘技巧 2

透过均线排列形态的变化、技术指标形态中的顶底背离形态及指标线与零轴之间的位置关系、成交量的变化形态、价格走势的滞涨或止跌、经典的底部与顶部 K 线组合形态等要素,我们可以有效地识别出当前正在形成的顶部区或底部区。

三、底部区要逢低买入,顶部区则应逢高卖出

国内的股票市场是一个做多不做空的市场,其获利机制为"先低位买进,再高位卖出"的做多获利机制,这也就使得顶部区成为风险区,而底部区则成为机会区。当我们借助于政策导向、技术走势等分析手段发现市场进入顶部区或底部区后,就应采取相应的操作策略。

顶与底的操盘技巧 3

当我们发现股市已步入底部区后,我们就应在个股回调时的相对低点位进行积极的加仓买入操作;反之,当我们发现股市已步入顶部区后,我们则应在股市反弹时的相对高点位展开卖出操作。

第五节　横盘震荡行情的操盘技巧

从中长线的角度来看,股市或个股的运行方向有三种,即向上、向下、横向,它们分别对应于上升趋势、下跌趋势、横盘震荡趋势。在前面的小节中,我们介绍了牛市 (上升趋势) 及熊市 (下跌趋势) 的操盘技巧,本节中,我们再来看看横盘震荡行情中的操盘技巧有哪些。

横盘震荡走势也称为盘整走势,它往往被看做是市场面临方向选择时的一种中继过渡状态,横盘震荡走势即可以出现在上升途中,也可以出现在下跌途中,同样它也可以出现在顶部区或是底部区。出现在上升或下跌趋势运行途中的盘整走势是一种中继整理走势,当这种中继整理走势结束后,价格仍将沿原有的方向运行,而出现在顶部区与底部区的盘整走势则是趋势转向的一个过渡过程。趋势运行途中的盘整走势与趋势运行末期的盘整走势其性质截然不同,通过以上的分析,我们可以发现,正确地识别盘整走势的性质具有重要意义。

一、正确识别盘整走势的性质

上升途中的盘整走势是对市场获利盘的一种消化，也是提高市场平均持仓成本的一个过程，只有筹码在上升途中经历了较为充分的上涨，价格在后期的上涨走势中才能更为稳健、所面临的抛压也才会较轻，由于上升途中的盘整走势仅仅是一个整理走势，此时的市场仍然处于多方主导的地位下，因此我们一般不会看到价格在盘整走势中出现大幅度的下跌，而且由于盘整走势的目的并不是破坏上升形态，其持续的时间也不会过长。反之，对于上升趋势末期的顶部区盘整走势，情况就明显不同。由于顶部区是一个空方力量开始占优的区域，我们可以看到价格的上升形态会被完全打破，且由于空方往往在某一时间段内集中抛售，而多方又无力承接，此时的盘整走势中往往会出现深幅回调下跌。通过盘整走势中的持续时间长短、震荡幅度大小、上升形态是否仍然保持良好等几方面要素，我们可以较好地区分出上升途中的盘整走势与上升趋势末期的盘整走势。此外，我们还可以借助于技术指标的形态来识别两者，由于上升途中的盘整走势并不预示着趋势反转的出现，因而，很多技术指标线（如MACD、MTM、BIAS 等）都仍然会运行于零轴上方，而出现在上升趋势末期的盘整走势，由于这种盘整走势预示了趋势的反转，因此这些技术指标线往往会由零轴上方跌至零轴下方，提前预示出即将出现的趋势反转走势。对于下跌途中的盘整走势与下跌趋势末期底部区的盘整走势，我们一样可以采用这种对比分析的方法来进行区别，下面我们以中金黄金为例，来看看如何区分此股上升途中的盘整走势与上升趋势末期的盘整走势。

横盘震荡行情的操盘的技巧 1

利用盘整走势的持续时间长短、震荡幅度大小、技术指标形态、均线排列形态、上升形态是否被打破等多种技术面因素来确定盘整走势的性质，以区分它究竟是一轮趋势运行途中的盘整走势，还是一轮趋势运行末期的盘整走势。只有充分地确定盘整走势的性质，我们才可以更好地展开实盘买卖操作。

图 7-20 为中金黄金（600489）2008 年 12 月 10 日至 2009 年 5 月 20 日期间走势图，此股在上升途中出现了一段时间的横盘震荡走势，通过图中标注我们可以看到，此股在震荡走势过程中的回调幅度较小且股价重心也在震荡过程中出现了一定的攀升、MACD 指标线仍然稳稳地运行于零轴上方，短期均线虽然出现了调头走势，但是中长期均线却仍然保持了上扬形态。透过这些要素，我们可以判定这仅仅是上升途中的一次盘整走势，它的出现并没有打破此股上升形态，当前的市场仍是处于多方占优的状态下。

图 7-20　中金黄金上升途中盘整走势示意图

图 7-21 为中金黄金（600489）2009 年 3 月 19 日至 2010 年 3 月 9 日期间走势图，此股在随后再次出现了较长时间的模盘震荡走势，通过与图 7-20 进行对照可以发现，这两次的盘整走势形态完全不同。在本图中，我们可以看到此股于震荡过程中出现了幅度较大的下跌，这使得此股前期保持良好的上升形态已被彻底破坏，而且，同期的均线排列形态也开始呈现出明显的横向缠绕形态、短期均线开始在较长时间内运行于中长期均线的下方，同期的 MACD 指标线也开始运行于零轴下方。通过这些因素，我们可以较为明确地判定此股已结束了原有的上升趋势，目前正处于顶部区的横盘震荡走势中。

二、利用技术面信息把握好高抛低吸的节奏

盘整行情持续时间可长可短，一般来说，当股市或个股步入上升途中后，若其累计涨幅并不是很大，则此时出现的盘整走势时间往往较长，此外，由于主力要在顶部区有较为充裕的时间和空间进行出货操作，因此顶部区的盘整走势持续的时间也较长；相对而言，出现在下跌途中的盘整走势及底部区的盘整走势持续时间相对较短。当个股或股市出现了明显打破上升形态的回调走势后，我们就应意识到它随后很可能会出现多空双方处于胶着状态下的盘整震荡走势，因为在震荡行情中大多数个股向上的强劲走势持续性不强，向下调整的深度也不大，总是围绕着一种平缓的箱体，反复起落涨跌，所以，震荡行情中是最适合于波段操作。于是在随后的实盘操作中，我们就应采取"低买高卖"

的短线操盘策略，并利用技术面的信息把握好此股的波动节奏。

图7-21　中金黄金上升趋势末期盘整走势示意图

横盘震荡行情的操盘的技巧2

利用技术面信息，采取"低买高卖"的短线操盘策略，把握好高抛低吸的节奏。

图7-22为海通证券（600837）2009年1月6日至2010年5月5日期间走势图，此股在原先处于稳健的上升走势中，是处于明显的上升通道中，这时我们所要做的是顺势而为的做多操作，即持股待涨或是换入更为强势的个股，但市场有时转变得非常快，但这并不妨碍我们获利，因为无论对于持续上涨后所形成的顶部区，还是持续下跌后所形态的底部区，它们的构筑过程都是通过一个明显的震荡方式来完成的，特别是当这种累计涨幅或跌幅并非巨大的时候，这种震荡的筑顶或筑底过程就更为显著。如图7-22标注所示，此股在上升途中突然出现了急速直转的快速下跌走势，短期跌幅巨大，完全打破了此股原有的上升形态，此时如果我们不能及时随行就市地转变操盘思维，则表明我们仍未能熟练应对这个大起大落的市场，当此股的上升形态已被彻底破坏之后，如果仍以原有的坚定做思维为主导，这就是一种不顾市场客观走势而仅仅依据主观臆测判断市场的错误操盘方式了。"市场永远是对的"、"想要获利，我们就要跟随市场，而不是主观臆测判断市场"，此时，我们应及时转变思维，最大限度

地保住我们前期获利成果，并利用低买高卖式的短线操盘手法来在随后即将展开的震荡行情中转换获利的操盘手法。

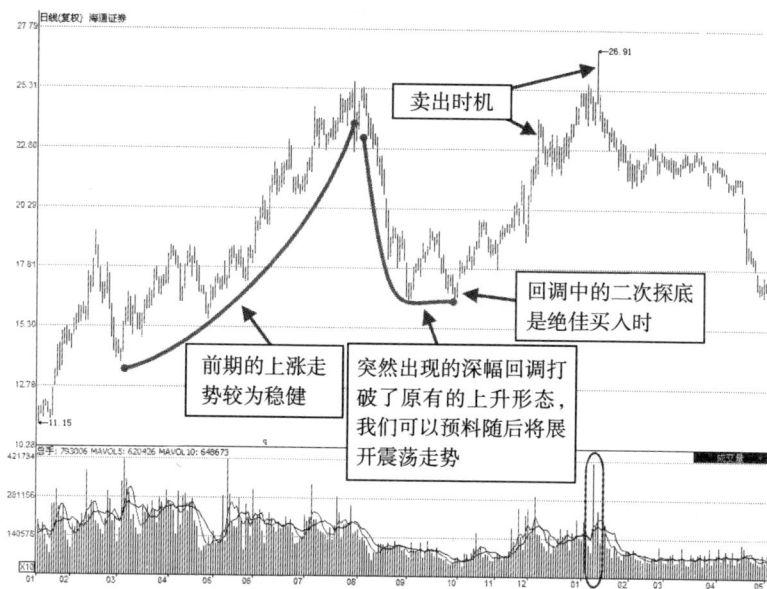

图7-22　海通证券震荡走势中操盘过程示意图

如图7-22所示，在这一深幅回调走势中相对低位区的第二次探底时，我们可以发现此股的量能明显缩小（相比于前一次探至这一低点时的位置），这是做空动能在这一阶段释放过度且处于枯竭状态的表现，也是我们短线买入的时机。随后，当个股反弹至前期高点位置区时，由于受到短期获利盘及前期套牢盘的双重抛压，这里成为强阻力区，我们可以预计此股是难以突破上行的，于是可以在这一位置区逢高卖出，从而成功地实施了一次低买高卖的短线获利操作。

第八章 与个股过招——股票操盘技巧

即使是大盘走势的背景环境相同，但是对于不同类型的个股来说，其走势往往是完全迥异的，有的个股走势基本与大盘无异，有的个股走势明显强于大盘，还有的个股走势要显著地弱于大盘。其实，这些个股的走势虽然在一定程度上受制于大盘，但是决定其走势的还是个股自身特点，什么样的股就有什么样的走势特点。本章中，我们就来结合实例来看看不同类型的个股在走势上都有什么特点，我们又该如何在实盘操作中具体展开。

第一节 蓝筹股操盘技巧

"蓝筹"这一概念源于赌场中所使用的蓝色筹码，在赌场中，蓝色筹码通常较为值钱，是高价值的代表。在海外股票市场上，投资者把那些在其所属行业内占有重要支配性地位、业绩优良，成交活跃、红利优厚的大公司股票称为蓝筹股。同样，在国内的股票市场中，蓝筹股指代那些业绩稳定、能定期分红派息、企业信用良好、行业地位较为突出的个股。在股市中，我们通常所说的"蓝筹股"多指那些具备了以上特点且盘子较大的个股，这些个股多为传统工业股及金融股，它们在股市中的影响力往往也是最大的。当蓝筹股持续上涨时，会使市场形成良好的做多氛围，此时，其他类型的个股即使本来无意上涨，也多会受到带动，而开始持续活跃；当蓝筹股持续下跌时，则会使造成股市低迷甚至恐慌的气氛，此时，其他类型的个股也多会受到牵连而开始持续走低，且跌幅很有可能远远大于蓝筹股。

一般来说，在宏观经济较为萧条的时期，蓝筹股由于公司地位突出、在某一领域内往往处于垄断地位，公司多能够仍然较好地保证利润，这是蓝筹股所具有的突出的抗风险能力。但是在经济的繁荣期，由于蓝筹股公司规模较大，其发展潜力往往明显不同于中小型企业，此时蓝筹股可能会受冷遇，其估值状态往往会明显低于那些成长性突出、扩张潜力的中小型企业。

那么，国内的蓝筹股主要有哪些呢？在一般的股票行情软件中并没有"蓝筹股"这一板块，但是却有"大盘股"这一板块，其实，"大盘股"板块中的绝大多数个股都属于蓝筹股，因为既然能成为大盘股，上市公司的规模一定十分庞大，在业内的影响力自然也较为突出，这类个股只要能够保持较为稳定的业绩，我们就可以将其称为蓝筹股。下面我们列举了 A 股中的一些蓝筹股，它们分列于不同的行业之中，如果我们查看它们的信息，就可以发现，这些个股的业绩一般不会出现那种起伏不定、忽高忽低的情况，而且这些个股的股本规模往往都极大，在同行业中具有较强的影响力。但是这些个股却存在一个明显的缺点，这就是它们的发展潜力并不突出，很少会出现业绩大幅增长的情况，也难以给投资者带来惊喜。

工商银行（601398），上海机场（600009），包钢股份（600010），华能国际（600011），皖通高速（600012），华夏银行（600015），民生银行（600016），上港集箱（600018），宝钢股份（600019），中原高速（600020），上海电力（600021），中海发展（600026），华电国际（600027），中国石化（600028），南方航空（600029），中信证券（600030），福建高速（600033），招商银行（600036），歌华有线（600037），中国联通（600050），五矿发展（600058），中国石油（601857），中国神华（601088），深发展 A（000001），万科 A（000002），深科技 A（000021），深赤湾 A（000022），深能源 A（000027），中集集团（000039），中兴通讯（000063），华侨城 A（000069），盐田港 A（000088），深圳机场（000089），TCL 集团（000100），金融街（000402），粤电力 A（000539），长安汽车（000625），格力电器（000651），唐钢股份（000709），燕京啤酒（000729），盐湖钾肥（000792），一汽轿车（000800），太钢不锈（000825），中信国安（000839），五粮液（000858），双汇发展（000895），西山煤电（000983），苏宁电器（002024），浦发银行（600000），白云机场（600004），武钢股份（600005），东风汽车（600006），同仁堂（600085），上海汽车（600104），兖州煤业（600188），山东铝业（600205），桂冠电力（600236），赣粤高速（600269），外运发展（600270），烟台万华（600309），振华港机（600320），国阳新能（600348），江西铜业（600362），宁沪高速（600377），中远航运（600428），中化国际（600500），贵州茅台（600519），深高速（600548），安阳钢铁（600569），海油工程（600583），海螺水泥（600585），北大荒（600598），青岛啤酒（600600），百联股份（600631），申能股份（600642），青岛海尔（600690），福耀玻璃（600660），陆家嘴（600663），国电电力（600795），马钢股份（600808），长江电力（600900），大秦铁路（601006），中国银行（601988），天津港（600717）等。

在了解了蓝筹股的概念之后，我们就可以对其走势有一个大致的了解了。由于这类个股一般不具备想象空间，业绩增速也较为明确，因此其走势往往与大盘关系极为密切，可以说，蓝筹股的走势与大盘走势存在着较高的正相关性。这一方面是因为大盘走势体现了宏观经济的发展趋势，而蓝筹股则是各行业中的支柱型企业，其发展前景更多地受制于宏观经济；另一方面也是源于蓝筹股的股本规模较大，不存在单一主力或几家主力控盘的情况，它的走势是多路主力资金共同博弈的结果，而这许多路主力资金的博弈结果往往也是与股市中的全体做空资金与全体做多资金的博弈结果相近。

图 8-1 为大秦铁路（601006）2006 年 8 月至 2009 年 3 月期间走势图，大秦铁路作为一只总股本超过 100 亿元的大盘蓝筹股，在铁种运输业中地位突出。查看此股的资料，我们可以看到这样的用词：① "国内铁路运输第一股"：公司是以煤炭运输为主的综合性铁路运输公司，是担负我国"西煤东运"战略任务规模最大的煤炭运输企业，独立经营大秦铁路、丰沙大、北同蒲线 3 条干线和口泉、宁岢 2 条支线，2005 年煤炭运输量为 2.39 亿吨，分别占晋北和蒙西地区外运量的 91.1%、"西煤东运"外运量的 44.3%；公司下辖的大秦铁路西起大同，东至秦皇岛，是我国第一条开行重载列车的双线电气化运煤专用铁路，于 1988 年 12 月 28 日开通运营，全长 658 公里，2009 年上半年完成煤炭运输量 15876.9 万吨。② "资产边界清晰"：作为我国第一家同时拥有基础设施及运输业务的铁路上市公司，大秦铁路产业链完整，且具有垄断性。由于

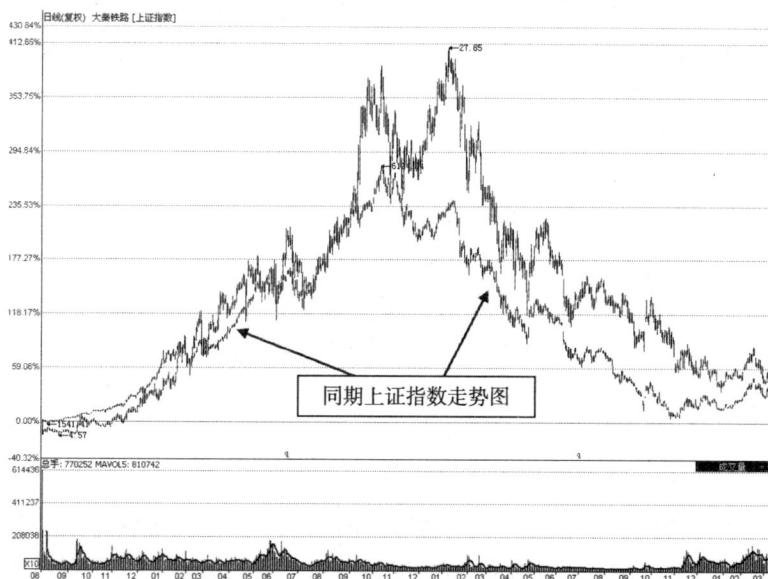

图 8-1　大秦铁路——大盘蓝筹股走势图

大秦铁路是一条煤炭运输的专线铁路，其运营特点是全程直达，其销售收入的 75%~80%来自大同矿区至秦皇岛港口的煤炭运输业务，该线路中间几乎不与其他铁路联网运行，资产边界非常清晰，关联交易有限。③"煤炭运输龙头地位巩固"：作为国家"西煤东运"战略运输的最大铁路运输企业，大秦铁路目前为五大电力公司、380 多家主要电厂提供运输服务。其主要接卸港口秦皇岛港是国内第一大煤炭运输港口，随着秦皇岛港煤炭装卸能力的不断提高，公司预计 2005~2010 年煤炭运输将以每年 10%的速度增长，初步估算大秦线目标为 2010 年实现煤炭运量 4 亿吨。

透过这些介绍，我们可以对上市公司的行业地位有一个明确认识，很明显无论它的业绩、行业地位、主营优势、股本规模等，它都是一只名副其实的大盘蓝筹股。

如图 8-1 所示，此股在此期间完成了一轮牛熊交替的走势，图中叠加了同期上证指数的走势图，通过将大秦铁路的走势与上证指数走势进行对比，我们可以发现它们的走势几乎如出一辙，存在着明显的正相关性，而这种与大盘走势基本一致的特点也是绝大多数蓝筹股走势中的共性。可以说，在无重大事项出现的前提下，对于大盘蓝筹股的走势，我们是比较容易把握的，此时我们只需将分析的重点转移至大盘身上即可。当股市整体处于明显的高估状态、指数累计涨幅较大时，虽然此时这些个股的估值状态仍然明显低于那些中小盘股，但我们也千万不要迷信所谓的"蓝筹"概念，因为这种相对低估是无法改变其整体已经明显高估的境况的。而且大盘蓝筹股由于其发展潜力极其有限，无论在任何市道下，它的估值状态都应是明显低于中小盘类个股的。据笔者对 A 股市场历史走势的研究，买入大盘蓝筹股的时机是较容易把握的，只要这样的上市公司在近几年内其业绩发展平缓、增速稳健，且当前的每股分红明显高于同期的银行利率时，我们就可以大胆买入这类个股，但在执行买入操作时，为了避免长期熊市的出现所引发的资金持续贬值，因此投资者不宜一次性的全仓买入，而应采取分批买入、逐步吸纳的策略。

由于大盘蓝筹股的走势在很大程度上就体现了股指的走势，因此除非像 2007 年那样的大牛市行情出现，我们才可以通过这种类型的个股在二级市场中获取较高的收益，当股市难以出现整体性的大牛市行情时（股市的大牛市行情是否可以出现是较为容易判断的，我们可以从宏观经济走向、投资者做多热情、企业盈利能力等方面着手），例如出现局部的牛市行情、股指处于震荡走势中等，在这些背景下，这些大盘蓝筹股的表现往往也是差强人意，此时，若非大盘蓝筹股可以给我们带来较高的股息回报，则这时并不是布局这类个股的时机。

图 8-2 为工商银行（601398）2008 年 12 月 1 日至 2010 年 1 月 8 日期间走势图，图中叠加了同期的上证指数走势，我们可以看到在这段时间内，工商银行的 K 线走势是位于同期大盘走势的下方的，这说明它的同期涨幅要小于大盘，如果我们查看一下这段时间内中小盘个股的走势就会发现，绝大多数中小盘个股都出现了三倍、五倍的涨幅。通过对比可以得出结论：在局部牛市行情中，大盘蓝筹股绝不是我们最好的出击目标。如果股市处于整体性的低估状态，此时，我们应把选股范围锁定在那些低估明显、题材丰富的中小盘类个股身上，因为一旦股市出现回暖气氛，这些个股的后期上涨潜力往往是巨大的。

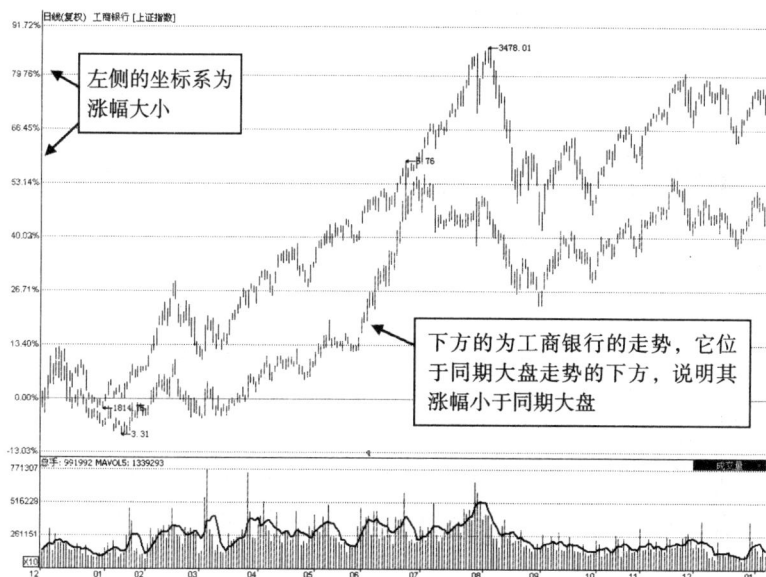

图 8-2　工商银行走势图

图 8-3 为中国铁建（601186）2009 年全年走势图，图中叠加了同期的上证指数走势图，在 2009 年，股市处于局部牛市运行状态下，在这种市场环境下，上证指数全年的涨幅接近了 70%，而业绩优秀的大盘蓝筹股中国铁建由于既没有题材支撑，股本规模也较大，其走势远远弱于同期大盘，而且此股在 2009 年竟然还下跌了 10%。当然，它的这种极弱的走势并不是源于它的业绩不佳，而是因为它在 2008 年股市大幅下跌过程中的"抗跌"能力较强。大盘蓝筹股在熊市中的抗跌能力较强，一般来说，其在随后股市反弹上涨的过程中，它的"抗涨"能力也是极强的，这一点也是投资者在参与大盘蓝筹股时应注意的一点，我们不应买入那些抗跌能力极强的个股，因为这些个股在随后出现补跌的概率极大。·

图 8-3　中国铁建 2009 年全年走势图

第二节　白马股操盘技巧

所谓白马股就是指那些上市公司未来发展方向明确、业绩容易预期的个股，这些个股有的当前仍处于不佳境地，但这往往是由于其资产重组或资产注入事项实施后，这些主营收入、利润等并没有马上反映到上市公司的业绩报告中，如果我们不查看这些上市公司以往发布过的信息，不善于分析这些明确的信息，是很难把握其未来的变化的。业绩题材等相关信息明朗化是白马股的最重要特征，对于白马股来说，如果股市的走势较为稳健，则白马股因重大事项实施所形成的利好效应往往可以较为充分地反映到个股的走势当中，但是如果股市的走势较弱且下跌趋向明确，白马股的这种潜在的利好往往会被忽视，甚至有可能被市场错杀，此时即是我们建仓白马股的最好时机。因为随着这些资产重组的完成、资产注入的实施，这些优势的资产所产生的业绩一定会反映到上市公司未来的业绩报告中，而业绩与价格终究是要挂钩的，因此白马股的后期走势是值得期待的，但机会总是偏爱有准备的人，能否捕捉到白马股、分析出白马股，不仅取决于我们的分析能力，它同样取决于我们对上市公司的信心。白马股在股市持续的下跌下而被错杀时，我们不能因为股价的波动而动摇自己的判断，如果我们对自己的判断左摇右摆，那么就很难捕捉白马股所呈现出来的机会。下面我们就结合实例来看看如何发掘白马股、如何操盘白马股。

图 8-4 为鲁信高新（600783）2007 年 11 月 12 日至 2008 年 11 月 10 日期间走势图，此股在 2008 年 1 月 31 日停牌，后于 2008 年 9 月 3 日复牌交易，并发布重大利好事项："鲁信高新：拟向鲁信集团定向增发 1.7 亿股收购山东高新 100%股权；本次增发有利于拓宽公司的业务范围和规模，提升公司的盈利能力，增强上市公司的综合竞争力，促进公司的可持续发展。"山东省高新技术投资有限公司（简称"高新投"）成立于 2000 年，在 8 年的运作中，累计投资项目 42 个，其中初创期企业 7 个，成长期企业 20 个，扩张期企业 15 个，无 Pre-IPO 企业。实践证明，投资初创期企业的成功率低，风险大，整体投资回报低。投资成长期和扩张期企业成功率高，风险小，投资回报高。高新投目前持有成长期、扩张期的项目数量有 20 多个，被投资项目的盈利能力良好，公司的经营业绩已呈稳定增长态势。未来新投资项目增加与存量项目的推出会达到一个合理的动态平衡状态，加上投资项目上市带来的超额回报，高新投业绩将实现长期稳步增长。

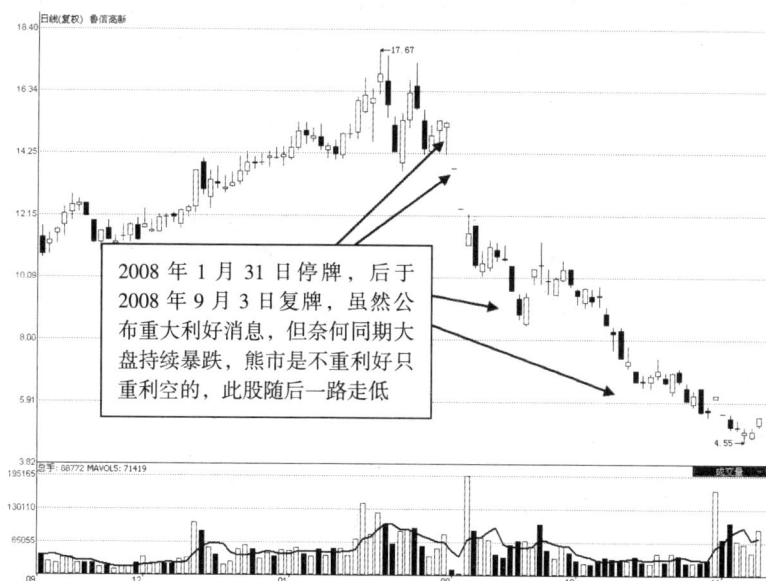

图 8-4　鲁信高新——创投第一股走势图

鲁信高新的原有主营业务为磨具、磨料、耐火材料等生产和销售，属于一般竞争性领域。创投产业具有较高的盈利能力，该优质资产注入鲁信高新后，不仅能极大地改善上市公司的财务状况，提高上市公司的盈利能力，为投资者带来较高的投资回报，而且可以解决磨料磨具产业发展过程中的资金瓶颈问题，有利于上市公司整体业绩的提高。

可以说，通过本次增发，鲁信高新实现了主营业务的完全转型，由于转型后的主营业务中创投所占比重极高，固此股当时被市场称为"沪深两市创投第一股"，而此时股市中的"创业板"仍未上市，因此这一消息对于上市公司来说是重大利好消息，但由于在此股停牌的半年多时间里，大盘累计跌幅达到了70%多，股市彻底进入持续暴跌的熊市当中，而此股复牌时又正是处于前期大幅上涨后的高位区，于是"补跌"走势也就在所难免。从此股复牌后两日的无量跌停就可以看出此股后期补跌空间巨大，此时，在实盘操作中，我们不宜盲目出手，毕竟两个跌停板的补跌走势相对于同期大盘的70%多的跌幅来说根本不算什么，而且与此股同题材的个股也多下跌猛烈，我们应静观其变，只有当其出现了明显的止跌企稳走势时，再出手。那么，在两市绝大多数个股都持续下跌且跌幅巨大的背景下，我们选择白马股作为买入对象的好处是什么呢？

依笔者经验来判断，由于白马股往往具备明确的题材，而且这种题材是已实实在在落实到上市公司自身之上的确定性的东西，它不同于那些虚无缥缈的空穴来风，这种题材在日后既会转化为上市公司的业绩，也会成为市场回暖时主力炒作它的"借口"。因此在市场回暖时且又开始重视题材或业绩时，白马股自然首当其冲，起到领涨的旗舰作用。对于本例而言，"两市创投第一股"这一称呼无疑具有十足的魅力，在创业板仍未推出之际、在随后市场回暖之际，它后期的潜力是值得期待的。

图8-5为鲁信高新2008年11月28日前走势图，此股在经历了2008年的持续下跌走势之后，于2008年10月之后出现了明显的止跌企稳形态，这段时间的成交量也开始明显放大。结合此股同期的止跌回升形态，我们可以认为这是主力资金持续介入的体现。如图8-5标注所示，此股在这一低位区还出现了"放量上涨，且随后出现快速缩量的横盘走势"形态。这一形态出现在深幅下跌后的低位区，我们将其称为"次低位缩量横盘"形态，它的出现是主力资金大力建仓后的积极锁仓行为的体现。通过以上的分析判断，我们可以认为此时就是我们介入这一只具备了明确的"两市创投第一股"这一题材的白马股的最好时机。

图8-6为鲁信高新2008年11月后走势图，从图中可以看到，此股随后涨幅巨大，股价从底部的4元区一直涨到了将近30元区附近，而这种大幅度的上涨并没有其他的原因，它就是基于此股早已公布于市场的创投题材，由于可见，消息公开化、透明化的白马型个股也并非就是一无是处，它同样可以成为翻番上涨的大牛股，而能否把握住白马股所带来的机会则取决于我们对于消息的解读及对于时机的掌握，两者缺一不可。相信通过我们对鲁信高新这只白马

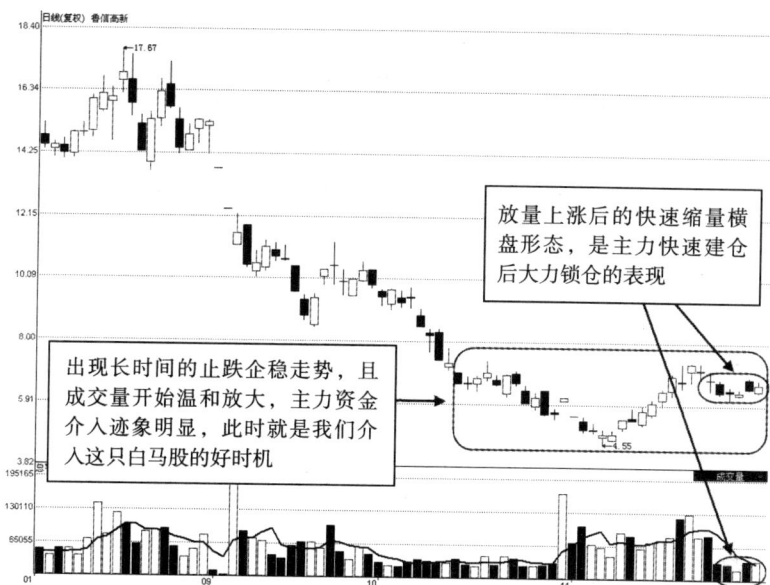

放量上涨后的快速缩量横盘形态，是主力快速建仓后大力锁仓的表现

出现长时间的止跌企稳走势，且成交量开始温和放大，主力资金介入迹象明显，此时就是我们介入这只白马股的好时机

图8-5　鲁信高新——创投第一股2008年见底示意图

股由熊到牛的走势过程的详细分析，读者可以更好地对这一类型的个股进行实战操盘。

图8-6　鲁信高新2008年11月后走势图

第三节　黑马股操盘技巧

在股市，尽可能获得最大的利润是每一投资者的终极目标，而能创造最大收益的个股无疑是那些具备了翻倍潜力的黑马股。那么，这些黑马股是否有特征可寻呢？

所谓黑马股就是指那些上涨潜力巨大、后期往往有着惊人上涨空间的个股，这类个股一般来说都出现在中小盘股的身上，因为只有这样的个股才有可能在强控盘主力的炒作下出现持续地上涨，真正走出远远强于大盘的独立上涨行情。如果说我们可以通过公开信息、再结合股市超跌来捕捉白马股买入时机的话，那么，对于黑马股，我们则要更多地借助于技术分析手段。当然，如果我们有较为可靠的内幕消息渠道，那么消息手段也同样是我们捕捉黑马股的重要方式。本节中，我们主要结合形态、个股异动、主力控盘行为等方式来看看如何发掘黑马股、操盘黑马股。

其实发掘捕捉黑马股的过程也就是我们发掘捕捉主力的过程，在实战中捕捉黑马股时，我们可以重点关注以下三点要素，这三个要素均与主力的控盘行为密切相关。一是个股的均笔成交量的变化情况；二是量价配合关系及量能变化形态；三是流通股东的变化情况。

均笔成交量=个股某段时间内的总成交量/相应时间段的总成交笔数，可以说，每笔均量是市场每笔成交的水平，而成交量则仅仅反映了整个市场的交易量的水平，它们是两个完全不同的概念，均笔成交量之所以可以预示黑马股的诞生，这是因为均笔成交量直接与主力行为相关。主力是资本市场中的大鳄，它们的建仓行为不可能像散户投资者那样5手、10手地买入，一旦主力在个股的相对低位区域加入到了买方阵营中，除非其特别有耐心，否则的话，我们是很容易看到个股均笔成交量的大幅攀升形态的，这正是主力大力建仓的体现，也是黑马股正在孕育之中的典型标志。

图8-7为北方国际（000067）2008年3月18日至12月23日期间走势图，此股在深幅下跌后的低位区出现了每笔均量大幅攀升的形态，而这正是主力资金于低位区大力买入此股的表现形态，如果仅从个股的股价走势来看，我们是无法察觉到主力的这种异动的，但是透过均笔成交量的变化，我们对主力的行为却可以一目了然。图8-8为此股2008年11月之后的走势图，可以看到，此股随后在主力的推动下成了一只名副其实的大黑马股。

图8-9为深长城（000042）2008年8月5日至2009年1月5日期间走势

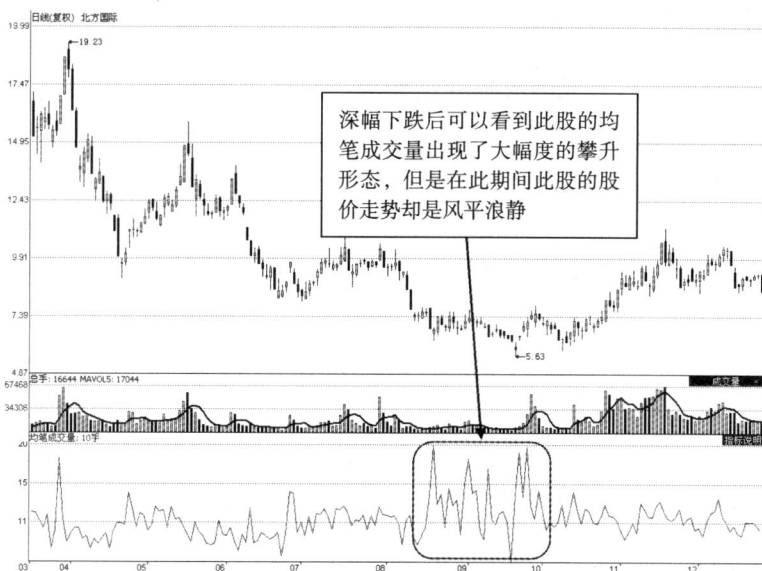

图 8-7 北方国际低位区均笔成交量大幅攀升形态示意图

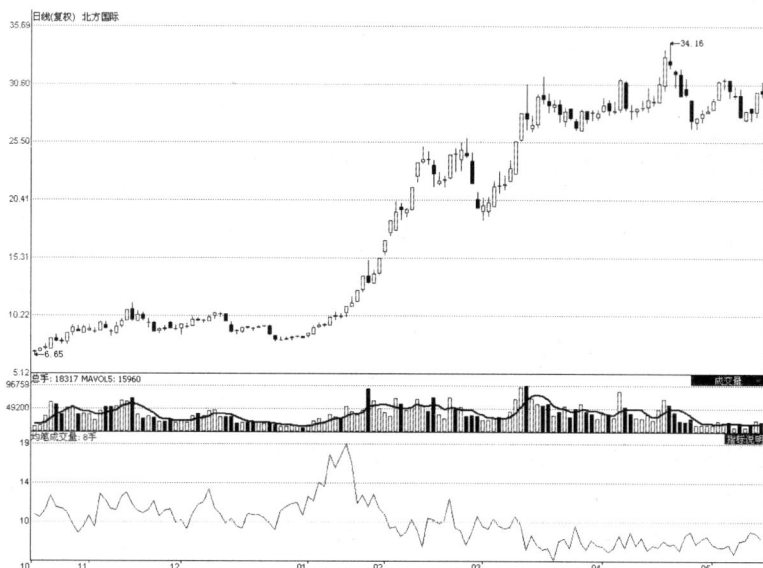

图 8-8 北方国际 2008 年 11 月后走势图

图，此股在低位区的量价配合关系较为特别：先是一波放量上涨走势，随后出现了量能急速缩小的缩量横盘形态，这种量能的"一放、一缩"正恰好体现了主力先大力建仓再积极锁仓的行为特点，特别是当这种量价配合关系出现在个股的低位区时，它所蕴涵的这种市场含义往往就更为准确，而此股后期也的确走出了黑马行情。

图8-9　深长城次低位极度缩量形态示意图

当我们真正发掘出潜力十足的黑马股后，我们就在实盘操作上就要进行积极买入布局并耐心持股。一般来说，由于黑马股多是主力强力运作的品种，因此我们不妨把个股的目标价位放得更高一些，只有当此股出现了持续大幅上涨且在高位区出现明显的滞涨走势时，我们才宜择机获利抛出。

第四节　强势股操盘技巧

在股市中有"强者恒强"的定律。有些个股在某一阶段的走势往往会明显强于同期大盘，如果我们以"比价"的方式或是以"补涨补跌"的角度来审视这些个股，则这些个股无疑不具备买入价值，然而，这些个股后期的走势（或是随后较长一段时间的走势）很可能大大出乎我们的预料，这些个股我们可以将其称为强势股，那么，我们如何操盘强势股呢？

首先，我们要明确一个概念，那就是只有在大盘走势处于强势或较为稳健的时候，我们才能谈论强势股，当大盘处于持续下跌走势中时，虽然有一些个股可能在某几个交易日中出现逆势上涨，但这些个股绝不是我们所讨论的强势股，在逆市中追涨个股，无疑是火中取栗，只能使自己深套其中。

其次，强势股的走势是以同期的大盘走势或同类板块中的个股作为参照而体现出来的，在一般的股票行情软件中，往往都包含了多个品种 K 线走势相叠加的功能，利用这一功能，我们可以清晰地看出个股在这一阶段中的走势是否为强势。

最后，关注强势股时，我们一定还要分析此股当前所处于的位置区间，因为只有后期上涨空间仍然较大的个股才能在启动后更有可能成为一只名副其实的强势股，对于那些已身处在大幅上涨后高位区、后期上涨空间明显不足的个股，即使它在这某几个交易日的走势明显强于大盘，我们也不能认为它就是强势股。当然，这里面有一个核心的问题，那就是我们如何判定一只个股当前是否身处高位区。对于这个问题，笔者的经验是要结合此股的前期走势情况及大盘走势来综合判断，这需要投资者多分析、多思考，技术分析水平也要较高，而且要具有较多实战经验。

图 8-10 为新农开发（600359）2008 年 12 月 23 日至 2009 年 9 月 30 日期间走势图，图中叠加了同期的上证指数走势图，此股在长期的盘整走势中处于一种相对弱势状态，作为一只中小盘个股，其涨幅甚至不及同期的大盘，但股市的热点是会转换的，正所谓"三十年河东，三十年河西"，弱势股的弱势状态往往只是在某一段时间内出现，它随后完全有可能在主力的炒作下摇身一变成为强势股。如图 8-10 所示，此股在长期盘整后出现了突破上涨的形态，但是此股出师不利，这种突破上涨的走势恰逢同期大盘出现了快速的深幅下跌走

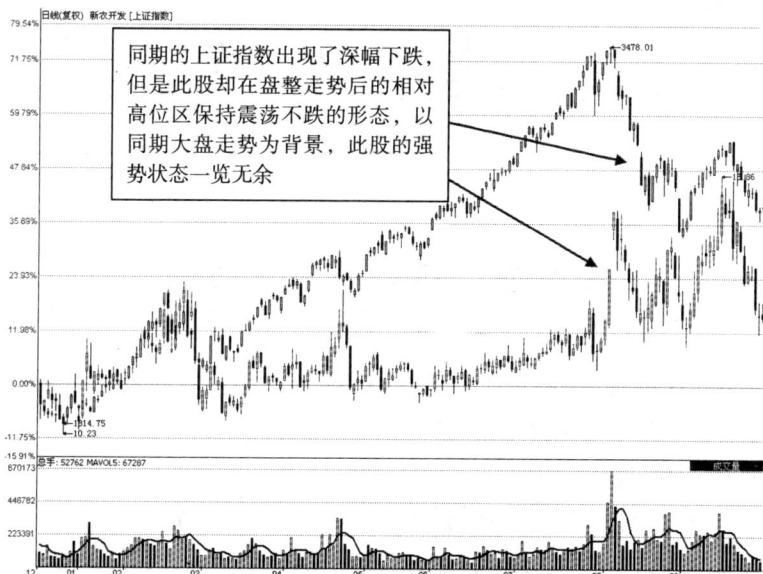

图 8-10 新农开发强势状态示意图

势，但是通过对比我们可以发现，此股在同期大盘持续下跌的背景下保持震荡上扬的形态，以同期大盘走势为背景，此股的强势状态一览无余。由于从中长线的角度来看，此股仍然处于明显的低位区，因此这种上涨势头初露的强势股就是我们快速切入的最好品种。在实盘操作中，我们应在此股突破盘整后的震荡区内择取相对低点买入，以分享此股后期大幅上涨所带给我们的丰厚收益。

图 8-11 为此股后期的走势图，从图中可以看到，此股后期的涨势惊人，作为一只强势股来说，此股在这种大幅度的上涨之前早已向我们发出了明确的信号。

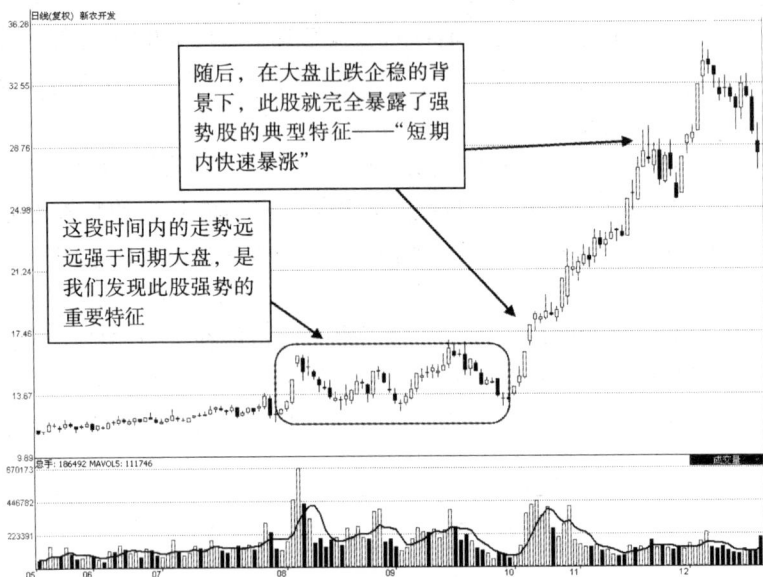

图 8-11 新农开发后期走势图

第五节 新股的操盘技巧

新股英文简称为 IPO，全称为 Initial Public Offering（首次公开募股），指某公司（股份有限公司或有限责任公司）首次向社会公众公开招股的发行方式。新股是一个特殊的群体，正是由于其"新"，其从来未在股票市场上露过脸，因此它在上市前后往往很受投资者关注，也常常成为主力重点炒作的目标。可以说，新股很可能蕴藏着较好的短期获利机会，但是在实盘操作中，并不是所有的新股都有短期参与机会，也有不少新股在上市后出现了快速的深幅下跌，那么，对于我们普通投资者来说，如何对新股展开实盘操作呢？

我们可以从新股的题材面、技术面、价位情况等方面来着手判断新股上市后的走势。对于题材面来说，若新股并没有引发市场关注的题材、概念，且主营业务在同类个股中也并不出类拔萃，则这种新股是难以获得主力资金入驻炒作的，反之，题材独特、知名度高的企业，在上市后则极有可能受到主力资金的炒作。例如对于全聚德（002186）这只个股来说，其特色产品之一"全聚德烤鸭"可以说是闻名国内，因此它就有着很好的炒作题材。

对于技术面来说，我们可以从新股首日的换手率及上市后几日的走势情况来判断。一般来说，上市首日换手率高的个股意味着其上市的定价被市场所接受，场外资金认为股价仍有上升空间而敢于大量承接。在实盘操作中，我们可以重点关注中小盘个股的上市首日换手率，中小盘个股首日换手率若不足50%，这样的个股我们短期内不宜参与，这种低换手率说明主力资金不太关注它；而对于换手率超过70%的中小盘股来说，我们可以积极地关注它。此外，我们还应关注新股上市后几日的走势情况，新股上市首日有主力资金承接的个股，其随后几日的走势也不会出现大幅度的下跌，而那些没有主力资金关照的个股，不仅走势会弱于同期大盘，甚至有可能在同期大盘出现回调的情况下而持续暴跌，这样的个股就不是我们应介入的品种了。

在参与新股时，我们还应关注新股的定价情况。据笔者经验，价位较低的新股（一般来说在20元以下）容易获得主力资金的介入，对于那些价位明显偏高的新股，即使其业绩较为优秀，但过高的股价也大大限制了它的二级市场流通情况，往往不被主力所青睐。

图8-12为北新路桥（002307）2009年11月11日至2010年1月14日期间走势图，此股在2009年11月11日作为一只小盘类的新股正式登录深交所。此股概念突出，体现在两方面：一是区域概念，此股是一只新疆板块中的个股；二是此股具有军工题材，此股的控股股东为新疆生产建设兵团建设工程有限责任公司。而且，此股的二级市场价位只有16元左右，后期的炒作空间仍然巨大；此股上市首日换手率达到了较为惊人的81%，这说明有主力资金在当日积极布局此股。通过以上分析我们可以发现，此股题材突出、价位合理、技术面数据良好，是一只后期上涨潜力巨大的新股，在得出这种判断后，我们就可以在随后几个交易日中择机介入了。

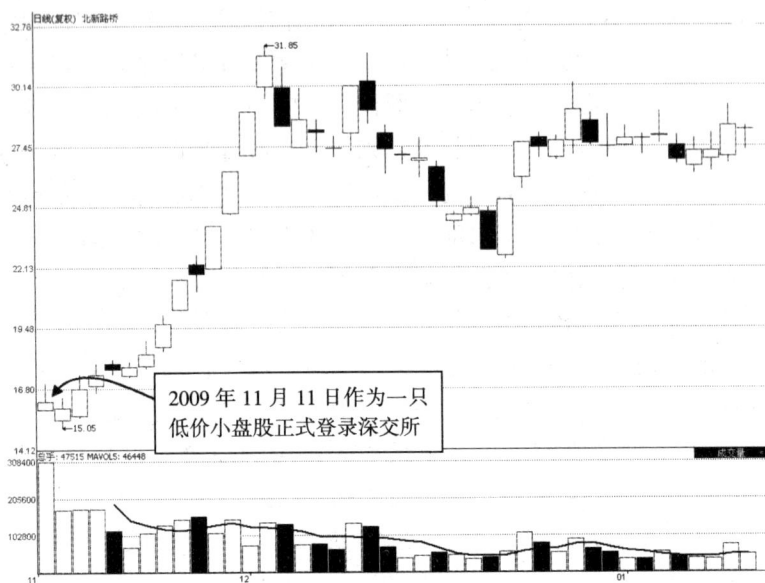

图 8-12　北新路桥新股上市后走势图

第三篇 运筹帷幄中，克敌千里外

——操盘策略部署篇

导读

　　能够针对不同的行情、个股展开实盘操作是投资者在股市中成功获利的基础。但这些只是技术方面的内容，技术分析并不是万能的，它也无法使我们在股市中立于不败之地。成功的交易者不仅要有高超的技术分析能力，同样要有纪律、方法、原则、资金管理等策略性的安排，只有这样，才能在股市中处于"进可攻，退可守"的地位，也才能实现长期稳健的获利。只有选择适合自己的投资策略，制定相应的投资原则，掌握一定的分析判断方法，再加上自信自律，才可能获得成功。本篇中，我们将对股市交易策略、仓位布局方法、操作原则等方面的内容进行详细讲解，力图使读者可以在最短的时间内提升操盘功力。

第九章　职业操盘手实战交易策略

第一节　短线激进型实战交易策略

所谓短线就是指买卖一次股票的时间间隔较短的交易方式，那么，何为时间间隔较短呢？一般来说，我们可以把持股时间不到一周的交易称为短线交易。短线交易是交易者的典型投机式行为，它不以获取股息、分红为目的，仅仅是以二级市场中的价差来赚取利润，这种交易方式也是激进型的投资者所采取的。

短线交易对投资者的技术分析能力要求较高，因为决定个股短期走势的绝非是此股业绩的改善、发展潜力突出、行业前景良好等基本面发展趋向，个股短期内的走势直接取决于市场短期内多空双方力量的对比情况，也取决于个股是否符合当前市场热点、是否有炙手可热的题材可供短线主力资金炒作，在进行短线交易的时候，我们可以重点关注以下几点。

一、关注与市场热点相关的中小盘个股

短线交易所选取的目标个股重"势"不重"质"，只要个股阶段性上涨势头突出、资金涌入迹象明显，那么即使此股处于亏损状态也无所谓。因为，我们是不打算长期甚至是中期持有它的。那么，什么样的个股更具短线潜力呢？据笔者对国内股市的研究，短线潜力大的个股多是一些符合市场热点题材的中小盘股票，例如当国家出台节能环保的产业扶持政策时，相应题材类的个股就会闻讯而涨；当社会生活中出现重大热点事件时，与热点事件相关的个股也多会受到主力资金的短期热捧。

图9-1为菲达环保（600526）2009年7月10日至12月11日期间走势图，此股在2009年11月13日后出现了短期强势上涨走势，对于此股的这种短期异动走势，如果我们善于分析、捕捉热点，是可以提前或在第一时间内发现它的。随着哥本哈根世界气候大会将在2009年12月召开及我国宣布的二氧

化碳减排目标，当时市场上的低碳题材备受关注，此股作为一只正宗的环保类个股，业绩优秀、股本规模较小，完全符合当时的市场热点，因此在2009年11月中旬后出现了短期大涨的走势，如果我们可以结合此股的涨停启动时间、当时的市场热点、此股的股本规模及主营业务等因素来进行综合分析的话，是可以在第一时间内快速布局此股的。

图9-1 菲达环保走势图

二、关注同类个股的走势

个股短期内的上涨潜力如何往往取决于介入此股的资金力度，一般来说，如果个股的短期上涨并非是源于中长线主力的控盘结果，而仅仅是由于场外资金的快速涌入所致，此时，我们就可以观察这些具有相同题材、概念或是主营业务相同的一类个股的总体走势情况，如果这一类个股都处于一种相对较为强势的状态下，则我们就可以较为肯定地认为这类个股就是市场热点所在，它们在短期内的上涨潜力更大，这一类股所具备的题材、概念等热点要素就是我们所应重点关注的。

三、在操作上要及时追随涨买入势头最强者

即使是具备了相同的题材，这同一类个股中，也有明显处于强势状态和相对弱势状态之分，在操作上，如果我们确认了市场的当前热点所在，确认了目

标个股的范围，则此时我们就要展开具体的买卖操作了。此时，短期强势股的上涨速度较快，一旦它有启动迹象时，我们就应在第一时间内将其列入重点关注的对象，短期的强势股多是以涨停板的方式启动的，在追涨买入强势股时，我们可以选择启动时间最早、率先冲击涨停板的个股，如果这只个股在总体走势上又恰恰处于相对的低位区，此股就堪称为技术形态与热点题材的完美组合品种。

四、只买"对"的，不买"贱"的

在市场环境较为理想的时候，短线操作往往是与"追涨"行为密切相关的，这是因为要想掌握好个股的短线启动时机是异乎寻常的困难，因此在个股没有启动前，我们不宜凭主观臆断去盲目地猜测哪些个股可能会强势上涨，而应"随行就市"；当强势个股初露苗头时，我们才宜快速切入，这种强势初露的个股才是我们正确的选择。但是这些个股往往并不便宜，当我们发现它时，也许它们正处于阶段性盘整走势中的相对高位区，与其他同类个股相比，它似乎"贵"点，很多投资者都有"捡便宜"的心理，总希望能布局在个股启动前的最低点，但却忽视了龙头股的作用。这些启动迹象明显、突破上涨势头初露的个股往往正是主力资金所选中的龙头股，只有主力资金大力追捧炒作的个股才能成为龙头股，而对于我们散户投资者来说，布局那些行动迟缓、备受资金冷落、但却看似价位相对较低的个股，其实只是一种心理上的依赖，如果我们想真正掌握短线操作的精髓，就一定要学会去追涨这些看似处于阶段性高位区的个股，因为实践证明，只有这些个股才有可能是后期强势上涨的大黑马，成为主力在这一波炒作中的龙头股。

图 9-2 为浪潮软件（600756）2008 年 12 月 15 日至 2009 年 4 月 17 日期间走势图，此股在长期盘整走势后，基于"核高基"这一市场热点，以涨停板的方式开始突破上涨（启动时间、上涨势头是同类个股中最强的一个），强势特征一览无余，如果我们不敢在阶段性的高位区追涨买入，就将错过此股随后的短期大涨走势。

五、操作上讲究"稳、准、狠"，只重仓买入一次

短线操作讲究的是"稳、准、狠"，"稳"要求我们在操作上不急躁，只有在机会出现时才出手操作，在机会不明显时，绝不能贸然出手，更不能没有目的地频繁交易；"准"要求我们判断准确，对龙头股的把握要准确，对时机的把握也要准确；"狠"则要求我们在操作上敢于重仓一只短线股。这其中最值得我们注意的一点就是仓位上的控制，为何短线操作只重仓买入一次是更好的选

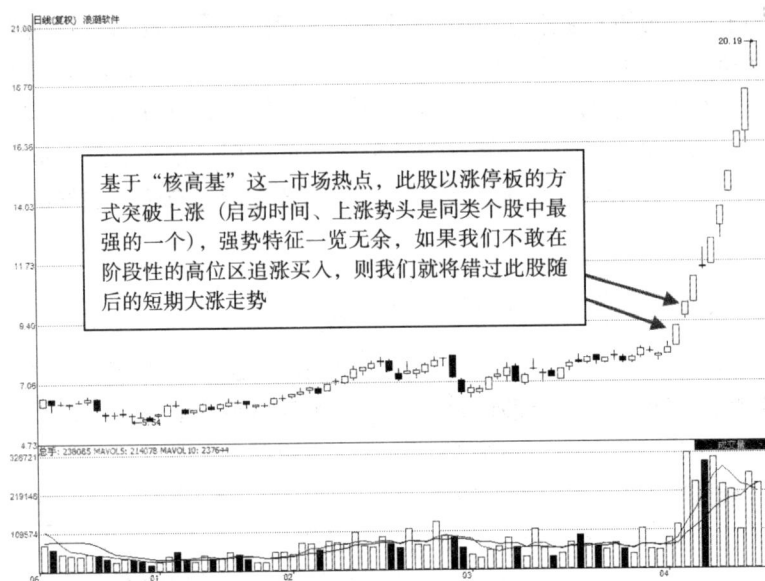

图9-2　浪潮软件短期暴涨走势图

择呢？我们可以反着试想一下，如果我们在短线操作中，买入仓位过低的话，那么即使我们判断准确，此股后期果然大涨，我们也是难以实现高额获利的；但是如果我们可以在"稳"和"准"的前提下重仓买入，则我们短期所获得的回报就是极为丰厚的，一年之中，只要我们可以把握好几次短线机会，就可以大获成功。

六、设立好止损价位

短线操作是一种短期获利丰厚但风险也较大的操作方式，为了可以使我们在判断错误的时候最大限度地保证本金安全、规避风险，在进行交易时，我们一定要提前设定好止损价位，一旦股价真的向下跌破了止损价位，我们就要立即斩仓出局，绝不能抱有反弹后再逢高出局的侥幸心态。一般来说，我们所设的止损价位一般不能低于建仓成本的90%，但在实盘操作中，止损价位的设立还应结合当前的大盘走势、个股所处位置区间、估值状态等多种因素进行综合分析来得出。

第二节　中长线稳重型实战交易策略

短线交易要求投资者的时间、精力较为充裕且短线技术分析能力较强、有较为敏锐的市场嗅觉，但是对于很多投资者来说，由于精力有限，是难以应对个股短期内的快速波动的，此时，我们可以就不妨将投资的重点放在个股的中长线走势上。本节中，我们就来看看中长线的交易策略有哪些。

一、技术分析与基本面分析要兼顾

如果说在短线操作中，我们可以把分析的重点放在对于个股技术面的分析上、放在市场纯粹的买卖行为上，那么，对于中长线来说，笔者并不推荐这么做。首先，一只个股是否可以走出较为明朗持续的上升行情，多是源于中长线主力的从中运作，而中长线主力在选取个股时，往往都会将个股是否有业绩支撑作为选股中的一个重要条件，我们可以试想一下，如果中长线主力选取那些无业绩支撑的个股，若这个股涨至高位后并没有出现什么重大利好事项，也无业绩大幅增长，那主力将难以顺利展开出货操作。对于主力来说，还可以凭借着较为可靠准确的消息渠道来布局那些在当前看似亏得一塌糊涂的个股，但对于散户投资者来说，由于难以获得这种精准的内幕消息，因此在布局中长线的个股时，我们不宜贸然参与那些业绩糟糕且后期甚至有可能被 ST 的个股。其次，良好的基本面证明了此股的中长线走势是值得期待的，毕竟从中长线的角度来说，股票市场仍是以"价值"为核心的，"价格向价值靠拢"既是经济学中的最基本原理，也是股票市场中任何形式炒作的最终根源。

通过上面的分析，我们可以看出，在中长线选股时，我们要关注个股的基本面情况，那么，这种对于基本面的具体实施手段又是什么呢？我们可以基于以下几点着手：①看估值。所谓估值就是将此股的每股收益与当前股价进行相比，两者的比值称为市盈率，例如对于大盘蓝筹股来说，由于增长潜力有限、后期发展空间狭小，它的市场盈率不能超 20 倍，若大盘蓝筹股在平均水平上都超过了 20 倍的市盈率，则多说明股票市场处于相对高估的状态下，此时，我们的中长线投资策略就要结合具体的市场趋势运行状态来展开了。在情绪狂热的牛市中，中长线布局超过 20 倍市盈率的蓝筹股还可以得到较好的中线收益，但是在熊市或震荡市中，就不宜介入了。②看上市公司的发展潜力。上市公司的发展潜力既取决于行业的发展前景，也取决于上市公司的自身能力。③看上市公司的重大投资事项。有些上市公司很可能在某一领域内投入了大量的资金，但这些投入并不会马上转化为本公司的利润，能否正确地分析出这些重大投资事项直接关系到我们能否把后握住个股的中长线机会。

对于技术面来说，我们应重点关注股市的整体运行趋势，当股市处于持续的下跌走势中或是高位区的盘整走势中时，此时并不是中长线布局的良好时机；反之，当股市处于明显的低位区或是上升行情的初期时，此时才是我们最佳的布局时机，此时买入，风险最小，潜在的获利回报最高。

二、精选个股

在掌握了分析方法后，我们就要精选个股了，选择个股时，我们可以通过横向对比与纵向对比两种方法来进行筛选。所谓横向对比法，是指在不同板块之间，通过对比其估值状态与当前经济发展是否相吻合、是否符合市场热点等方面来进行分析比较，从而选择更有潜力的一类个股；所谓纵向对比法，是指在同一类个股中挑选那些盘子相对较小、业绩较为优秀、成长性良好、筹码集中度较高、后期上涨潜力较大的个股。

三、耐心持股、等待收获

中长线的投资策略对投资者的心态是一个考验，我们不能要求参与中长线交易的投资者在买入一只个股后，很快就会处于获利状态，这是不现实的也几乎是不可能的，因为果真如此的话，那我们一定是买在了个股的最底部或是启动初期，而出现这一情况的概率往往是极低的。这就要求投资者有充足的耐心，可以说，耐心这一素质是检验投资者能否成为合格的中长线投资者的重要判断标准之一。

四、当个股步入升势后，在未见明显的趋势反转信号发出前，绝不中途抛售离场

据一项不完全统计，绝大多数散户投资者可以忍受大幅度的亏损状态出现，但是却难以"忍受"超过30%的获利回报，"担心利润消失"这一心态普遍地存在于绝大多数投资者中。然而通过对于个股走势的统计我们可以发现，一旦个股步入了明确的上升走势，其累计涨幅往往是极为惊人的，特别是对于那些中小盘个股来说，它们的累计上涨幅度往往能达到5倍以上。过早地抛出无疑会使我们前面的努力付诸东流，这是极不划算的，也是我们应该避免的。那么，我们应在什么时候抛售个股呢？其实个股的筑顶走势与筑底走势一样，往往都是经过较长时间的震荡形态来完成的，当我们发现一只个股在深幅下跌后出现了长时间的震荡止跌走势时，此时就是我们低位布局个股的好时机；反之，当我们发现一只个股在大幅上涨后出现了长时间的震荡滞涨形态时，此时就是我们高位出局的好时机，高位区的长时间震荡滞涨走势是个股上升趋势即将结束的明确信号，即使此股后期仍有可能再度出现一波上涨，但随后的上涨空间也是极为狭小的，此时才是我们中长线操作过程中最好的抛售时机。

第三节 中短结合型实战交易策略

在实盘操作中，非"中长线"即"短线"的交易策略往往是一种相对较为极端的操盘方式，更多的投资者往往喜欢中短线结合的操盘方式，这种操盘方式是指投资者既布局那些有中长线上涨潜力的个股并耐心持股，也同样关注那些与当前市场热点挂钩的短线题材股，这种操盘策略既保证了总体资金的安全，也使资金账户的增长具备了更大的潜力。

对于中短线的操盘策略来说，我们更应重点关注中线股与短线股的资金投入比例。

短线操作比中长线操作具有更大的风险，对于较为激进的投资者来说，可以将超过50%的资金投入到短线实战中，而对于较为稳健的投资者来说，则应将超过60%的资金投入到中长线的个股之中。

第十章 短线操盘实战操作五大法则

第一节 判断大势法则

大势既指大盘的整体趋势运行情况，也指个股的价格总体性发展方向，而且这两者的运行情况往往呈现出高度的正相关性，当股市整体节节走高时，绝大多数个股都会运行于上升通道之中；反之，当股市持续下跌时，绝大多数个股也会向下跳水。因此能否准确地判断出大盘的运行趋势直接关系到我们的操盘情况。在判断大势走向时，我们可以遵循以下几个法则。

（1）当均线呈横向缠绕形态时，多指大势处于盘整状态中，此时我们应结合市场的前期走势情况来解读这一盘整走势，当这种盘整走势出现在上升途中或下跌途中时，若其震荡幅度较小，则表明当前的盘整走势仅是原有趋势运行过程中的一次休整，是原有趋势仍将延续的征兆。

（2）在长期深幅下跌后的低位区或是长期大幅上涨后的高位区，若出现长时间的宽幅震荡走势，则说明市场原有的多空双方力量对比情况已然发生了转变，此时的震荡区域往往就是我们所说的底部区或是顶部区。

（3）一轮上升趋势或下跌趋势一旦形成，就具有极强的持续力，此时，在原有趋势运行形态未被明显打破时，我们不宜盲目地提前预测市场的顶或底。

第二节 分析K线形态法则

K线形态是多空双方交锋的结果，不同的K线形态蕴涵了不同的市场含义，无论是单根K线形态、双根K线形态，还是多根的组合K线形态，它们都向我们提供了一定的市场含义，那么在实盘操作中，我们在分析具体的形态时有哪些应用原则呢？

（1）单日K线形态、双日K线形态、三日K线形态仅适用于分析大盘或个股的阶段性走势情况，并不适用于分析市场的总体运行情况。

（2）典型的顶部形态、底部形态、中继形态虽然有其客观准确之处，但在实盘分析中，我们还应结合价格的前期总体走势情况来具体分析，只有出现在深幅下跌后低位区的经典底部形态（如头肩底、双重底、圆弧底等）才是可靠的底部信号；同样，也只有出现在大幅上涨后高位区的经典顶部形态（如头肩顶、双重顶、圆弧顶等）才是可靠的顶部信号。

（3）分析 K 线形态时，还要结合量能的变化情况来对其进行验证。

（4）对于价格的总体走势情况来说，日 K 线的波动较为偶然，难以反映价格的趋势运行情况，周 K 线的稳定性相对突出，是我们分析价格总体运行情况不可或缺的手段。

第三节　股票成交量法则

成交量是仅次于价格走势的第二大重要数据，"量在价先"也是证券市场中的不二法则，在分析成交量变化的时候，我们应注重以下几方面。

（1）注意放量的几种形态。"放量"这一概念仅仅指出了量能放大这一层含义，它不够具体，也无法反映放量下的市场含义。我们可以把不同的放量形态分为以下四种："发酵型"的放量、"膨胀型"的放量、"脉冲型"的放量和"递增型"的放量。这四种量能形态分别蕴涵了不同的市场含义，如"发酵型"的放量与"膨胀型"的放量多蕴涵了主力资金大力介入这一含义，而"脉冲型"放量则多蕴涵了主力资金出逃这一层含义，对这几种不同放量形态，我们已在第二章"量能操盘术——成交量解读技术"中进行了详细的讲解。

（2）注意缩量所出现的位置区间。缩量出现在深幅下跌后的低位区是市场做空动能枯竭的信号，但缩量出现在大幅上涨后的高位区时，则是做多动能消耗殆尽的体现。

（3）上涨时要放量，下跌可以缩量。涨时的放量与跌时的缩量是投资者心态的外在表现，上升趋势若无持续放大的量能支撑，则难以持久，但在下跌趋势中，成交量则是可以持续保持在一种相对萎缩的形态中的。

（4）结合价格的具体走势情况来分析成交量的变化情况。同样的量能变化形态，当其出现在个股运行的不同阶段时，它所代表的含义往往也是截然不同的。

第四节　个股创新高法则

股市中的个股往往是"强者恒强"，当一只个股真正地步入到上升通道后，它就会出现节节走高的态势，此时的个股也是频频创出新高。据一项不完全的统计，凡是在上涨途中创出阶段性新高的个股，其随后再度创新高的概率要超过70%。依据这一原则，如果一只个股上升形态良好且并非处于累计涨幅极大的背景之下，当其在上升途中创出新高后，对于持股者来说，可以继续持股待涨；反之，对于场外投资者来说，则可以适当地趁此股回调之际进行买入，毕竟此股随后再创新高的可能性较大。

第五节　个股创新低法则

与创新高法则正好相反，个股的创新低走势体现了其"弱者恒弱"这一实际情况，当一只个股真正地步入到下跌通道后，它就会出现节节走低的态势，此时的个股也是频频创出新低，一般来说，凡是在下跌途中创出阶段性新低的个股，其随后再度创新低的概率要超过70%。依据这一原则，如果一只个股在下跌通道中创出了新低，我们就不宜盲目出手抄底，因为这是此股抛压极重、下跌空间仍然较大的体现。

后记：操盘要有好心态

　　本书的主要目的是帮助投资者提高技术分析能力，这样才能提高投资者操盘的胜算率。没有好的技术分析能力，一切都是无源之水，获利也是无从谈起的。但好的技术分析并不等于一切，炒股本应是一项乐在其中的活动，在拥有高超技术分析水平的前提下，我们还应注重心态的变化。股神巴菲特在买入一只个股后，可以长时间地容忍此股处于相对亏损状态，这一是源于他对此股的绝对信心，二是源于良好的心态。信心是建立在对个股中长期发展趋势的准确把握之上，建立在高超的能力之上的，但仅有这种分析能力是远远不够的，拥有好的心态才能彻底地将我们的技术分析能力转化为利润。成功的操盘不仅取决于投资者有良好的技术分析功底，同样取决于投资者是否具有一个良好的心态。为什么很多人炒股一直是亏损的？究其原因，笔者认为心态也是一个比较重要的原因。也许我们许多人都曾劝导过别人或者被别人劝导过：心态要正，不能因情绪作用而"追涨杀跌"。但是在实际操盘时，又有多少投资者可以做到"手中持股，心中无股"的境界呢？股价的短期涨跌情况直接决定着投资者账户资金的盈亏情况，当我们看到其他个股急速飙升、自己的资金账户增值速度仍旧如蜗牛一般时，势必会产生焦躁不安的情绪，从而出现"追涨"操作；反之，当手中持股的个股在短期内出现快速下跌时，即使明知道它是一只被错杀的个股，但账户资金的快速缩水却是不容置疑的事实，为了担心利润进一步被吞噬或是不想再次看到资金的缩水，就极有可能在低位"割肉"出局。实践证明，这种因情绪作用下的"追涨杀跌"行为虽然在短期内有可能是正确的，但从中长期的角度来说，会使我们难以在股市中实现稳定的获利，却极有可能使我们的资金持续缩水。所以在炒股时要保持一个良好的心境，无论涨跌都要保持一个平稳的心态。

　　炒股除了要有一个好的心态外，好的策略、高超的技术分析能力当然也是必不可少的。策略运用得好，可以使我们自己处于"进可攻，退可守"的有利位置；如果没有好的策略，单凭技术分析得出的结论就去大肆买卖，我们就会处于"背水一战"的不利局面。